Ingeborg Lohfink

VORPOMMERN

Mein großes Reportagenbuch

Ingeborg Lohfink

VORPOMMERN

Begegnungen mit dem Land am Meer

1. Auflage 1991
Satz: SATZPUNKT Ursula Ewert, Braunschweig
Druck und Bindung: Offizin Andersen Nexö GmbH, Leipzig
Printed in Germany
ISBN 3-356-00418-2

ERSTER TEIL

Warum gerade Pommern?

Eines Tages beschloß ich zu schreiben. Als Anfängerin hatte ich zunächst wenig Glück, aber ein Teil meiner Erzählungen landete in Zeitungen.

Mitte der siebziger Jahre schrieb ich »Insel mit Leuchtfeuer«, eine Erzählung über Gorki in Heringsdorf, in der es heißt: »Gorki, Alexei Maximowitsch Peschkow, ich liebe ihn in seinem Werk, in den wundervollen Erzählungen, in seinen Romanen. – Ich habe ihn nicht gekannt. Als ich ihn gelesen habe, mußte ich ihn lieben, diesen Großen, Menschlichen, Bitteren, Heiteren, Fragenden, diesen Wahrheitssucher. Es rauscht, braust, donnert, da unten, das Meer – laute gewaltige Melodie, wer kann dabei schlafen? Ich kann es nicht. Ich sitze am offenen Fenster und träume mit wachen Augen. Ich schreite neben Gorki am Strand dort unten in dieser Nacht, und er fragt:

– Was ist bei euch neu?
  Was ist mit diesem Land?
  Seid ihr zufrieden?
  Sind die Menschen glücklich?

Und das Meer donnert zu jedem seiner Worte.

Ich kann Gorkis Gesicht nicht erkennen, nur das Meer ist hell, zart wie ein Hauch, und drüben ist das Licht, immer und immer wieder das Licht, das Feuer – Insel mit Leuchtfeuer.

– Immer noch habt ihr Frieden? fragt er.
– Immer noch, sage ich.
– Dann hat sich alles gelohnt bei euch, sagt er.
– Ich liebe meine Heimat, mein weites Land, mein russisches, fährt Gorki fort, ganz ohne Pathos.
– Ich liebe meine Heimat, sage ich laut, ich würde sie niemals ver-

lassen. Und in dieser Nacht bin ich wach, aber ich fühle mich nicht allein, und ich liebe die Menschen, die auf Wacht stehen, jetzt mitten in der Nacht.

– Alexei, wie entsetzlich gestaltetest du das Ende des »Klim Samgin«. Weshalb so? Klim Samgin, der Intellektuelle und Anpassungsfähige, stirbt folgendermaßen:

›Blut rann unter der Mütze hervor und noch von irgendwo, zu seinen Füßen wuchs eine Blutlache, und es sah aus, als schmölze er. Die Frau beugte sich nieder und versuchte, ihm mit dem Finger die Augen zu schließen, aber das gelang ihr nicht, da nahm sie ein Brettchen von einem zertrümmerten Munitionskasten und legte es ihm auf die Wange.‹

– Ein ungeheures Werk, sagte Gorki düster, ich bin nicht fertig gworden, das ist der Schluß des geplanten fünften Buches, das Werk blieb unvollendet, ich konnte nicht weiterschreiben, ich war verhindert, der Tod kam zu mir, ein mächtiger Gast, ich wurde ihn nicht wieder los, er bezog Quartier und nahm mich mit.

– Alexei, fragte ich leise, hast du Gott gefunden?

Die Frage blieb, und das Meer blieb und die Nacht und das Feuer da drüben am Horizont, das Leuchtfeuer.«

Im Zweiten Weltkrieg war Usedom mit der V-2-Versuchsstation »Insel ohne Leuchtfeuer«. So hatte Ruth Kraft ihren Roman von 1959 genannt. Und »das Feuer da drüben am Horizont« in meiner Erzählung waren die Lichtsignale des Leuchtturms von Peenemünde, der Wiege der Weltraumforschung in unserer Zeit. 1945 nahmen die Amerikaner den hier tätigen Raketenkonstrukteur Wernher von Braun als Kriegsbeute mit in ihre Labors. Die Russen hingegen holten sich den Atomphysiker Manfred von Ardenne … Folgerichtig war der erste Mensch auf dem Mond ein Amerikaner, und wir lebten, da Amerikaner und Russen die Atomwaffe gleichermaßen besaßen, in einem gespannten, aber äußerlich friedlichen »Gleichgewicht des Schreckens“.

Amerika ist von der Überlegenheit seiner Technik überzeugt, und, soll man Gerüchten glauben, kennen deshalb viele Amerikaner als bedeutenden Ort in Deutschlan nur Peenemünde mit dem Versuchsgelände der V-2-Raketen. Die Amerikaner möchten dieses Peenemünde kaufen und zu einem Disney-Park machen. Wernher von Braun würde dann für endlose Zeiten als nimmermüde Wachspuppe Raketen zischen lassen. Sogar das Peenemünder Kraftwerk soll originalgetreu rekonstruiert werden. Die Peenemünder hätten zwar gern die Dollars der Touristen aus Übersee, fürchten aber auch die Vernichtung der bis dahin als Sicherheitszone streng abgeschotteten Natur, bewacht von den Russen und den Volksarmisten. Die Volksarmisten wurden Bundeswehrsoldaten, und die Russen ziehen bald ab. In Peenemünde hatten sie sich mit dem deutschen Raketenschrott zufriedengeben müssen. The brain (das Gehirn) Wernher von Braun hatten die Amerikaner.

Gegenüber Gehirnen waren die Russen ohnehin mißtrauisch. Gorki starb 1936, angeblich weil er von einem Dr. Lewin »im Laufe von 24 Stunden vierzig Kampferinjektionen« und andere Medikamente erhielt. Der mysteriöse Tod Gorkis war für Stalin ein Anlaß zur Verfolgung der Trotzkisten.

Im zweiten Buch des »Klim Samgin« läßt Gorki einen Zeitungsredakteur sagen: »Und zu guter Letzt – die Marxisten, diese Quasi-Revolutionäre ohne Liebe zum Volk.« Das sind für uns bedeutungsschwere Worte; denn das war die eigentliche Tragik der DDR. – Dem damaligen leitenden Kulturredakteur des CDU-Zentralorgans »Neue Zeit« in Berlin, Klaus-Peter Gerhardt, gefiel meine Erzählung »Insel mit Leuchtfeuer« recht gut, aber sie war für seine Zeitung zu lang. Er schlug mir vor, einmal etwas ganz anderes zu machen, nämlich eine Reportage über die Gorki-Gedenkstätte in Seebad Heringsdorf. Ich war zunächst ziemlich traurig, den Tränen nahe; denn schließlich wollte ich ja Erzählungen schreiben, keine Jahreszahlen aus Lexika klauben.

Als wir im Auto von Berlin wieder nordwärts rollten, lasen wir auf einem Transparent an einer Autobahnbrücke die Reklame »Jederzeit Neue Zeit«. Ich hatte keinen Verlag, der meine Gorki-Erzählung drucken wollte, aber ich hatte das Angebot des leitenden Kulturredakteurs besagter Zeitung. Mein Mann sagte plötzlich: »Mach' das doch, das mit der Reportage.« Und so wurde ich, wieder im Norden angelangt, Journalistin auf den Spuren der Heimatgeschichte.

Heimatgeschichte, modernerweise Regionalgeschichte genannt, ist in Thüringen oder Sachsen meist recht unproblematisch. Aber pommersche Heimatgeschichte, das konnte damals leicht ins Auge gehen und als reaktionär oder gar revanchistisch ausgelegt werden. Es war ein guter Einfall des leitenden Kulturredakteurs, den etwas brisanten Stoff mit der Gestalt des proletarischen russisch-sowjetischen Dichters Gorki zu verknüpfen. So entstand 1980 meine erste Reportage: »Gast im arabischen Zimmer«[1]. Es folgte eine Arbeit über das Geburtshaus des romantischen Malers Philipp Otto Runge in Wolgast[1], danach Reminiszenzen an Ernst Moritz Arndt zwischen Groß Schoritz und Trantow mit der Entdeckung von bisher unveröffentlichten Arndt-Briefen aus der Sammlung Erik von Schmiterlöws in Franzburg. Und nun erschien auch das Wort »Pommern«, und zwar mit der Erwähnung von Arndts Schrift »Versuch einer Geschichte der Leibeigenschaft in Pommern und Rügen«.

Als ich versuchte, Gorki als Badegast an der vorpommerschen Küste literarisch zu erfassen, bemühte sich auch ein anderer mit viel Engagement um ein Stück pommerscher Geschichte: der Berliner Gesellschaftswissenschaftler Dr. Dr. Günther Rudolph.

Am 11. Januar 1976 schrieb Dr. Dr. Rudolph an den Bürgermeister der Gemeinde Jagetzow bei Demmin:

»Karl Rodbertus-Jagetzow [...] entwickelte unabhängig von Marx fruchtbare Ansätze einer Mehrwerttheorie und bekannte sich in seinen späteren Jahren zum lassalleanischen Flügel der deutschen Arbeiterbewegung. [...] Für seine Bedeutung spricht ferner, daß Rosa Luxemburg sich wiederholt auf seine sozialökonomischen Schriften bezog, die überdies auch ins Russische übersetzt wurden und in der Sowjetunion erschienen. – Die Grabstätte dieses auch heute noch bemerkenswerten Ökonomen und Sozialisten befindet sich auf dem Friedhof Ihrer Gemeinde, ca. 150 m vom ehemaligen Gutshaus entfernt, umfriedet mit einem schmiedeeisernen Gitter; ich

---

[1] Ingeborg Lohfink: Mein Pommernbuch. Rostock 1991

habe sie 1973 einmal besichtigt und fotografiert. [...] ich möchte Sie aus den angeführten Gründen bitten, entsprechende Schritte zur Erhaltung dieses Kulturdenkmals zu veranlassen.«

Aber Dr. Dr. Rudolph erhielt keine Antwort aus Jagetzow, stattdessen wurde er aus dem Institut für Marxismus-Leninismus beim ZK der SED von Dr. Johannes Skambraks befragt, was es mit den Grabstätten in Jagetzow bei Demmin auf sich habe. Dr. Dr. Rudolph antwortete am 24. Februar 1976 in einem Brief an Dr. Skambraks: »Somit sehe ich mich veranlaßt, nunmehr *Sie* zu bitten, ein kulturbewußtes *Votum* für den trotz aller Widersprüchlichkeiten dem Neuen verpflichteten Rodbertus gegenüber den Kollegen und Genossen in Jagetzow und Demmin einzulegen.«

1984 erschien Dr. Dr. Rudolphs Buch »Karl Rodbertus (1805–1875) und die Grundrententheorie«, und das 2. Demminer Kolloquium zur Geschichte Vorpommerns (1985) galt im wesentlichen Karl Rodbertus. An einem sonnigen Herbstnachmittag endete dieses Kolloquium in der Gaststätte in Völschow bei Kaffee und Kuchen. Ich lief ins Dorf und lieh mir rasch ein Exemplar der Zeitung »Neue Zeit« aus. Der Gastwirt hatte sich telefonisch bei der Postzustellerin erkundigt, wer in Völschow diese Zeitung hielt. Als ich Dr. Rudolph meinen an diesem Tag erschienenen Artikel über Karl Rodbertus auf Seite 7 zeigte, las er verblüfft den Anfang meiner Reportage laut vor: »An einem sonnigen Herbsttag sitzen wir in der Gaststätte ...« Allerdings war dieser Gaststättenbesuch einige Tage zuvor und in Jagetzow erfolgt. Aber der sonnige Herbsttag stimmte wiederum.

Der Herbst 1985 war sehr sonnig, auch für die Regionalgeschichte Vorpommerns. Bereits 1986 erhielt das unter Denkmalschutz stehende ehemalige Gutshaus in Jagetzow eine Gedenktafel für Karl Rodbertus. Pommersche Geschichte war jetzt mehr als eine eintönig-graue Chronik von Reaktion und Rückständigkeit.

Der Name Pommern ist wendischen Ursprungs – »po morje« heißt »am Meer« – und ist nichts anderes als eine Landschaftsbezeichnung. In einer polnisch-deutschen Broschüre von W. Filipowiak aus dem Jahr 1986 lesen wir, daß »in Pommern« polnisch »na Pomorzu« heißt, und in einer medizinischen Publikation aus der

Volksrepublik Polen von 1987 lesen wir über die Pommerische Medizinische Akademie Szczecin. Daß Hinterpommern und Stettin heute zur Republik Polen gehören, ist eine geschichtliche Tatsache, und die Verwendung des Namens Pommern hat nichts mit Revanchismus zu tun.

Dieses Buch soll dem Frieden dienen. Es ist keine Kriegserklärung an ein anderes Volk; es bereitet pommersche Regionalgeschichte auf, es ist ein Stück Zeitungsgeschichte der Deutschen Demokratischen Republik und befriedigt Nachholbedarf.

Die kulturellen Streifzüge führen kreuz und quer durch das vorpommersche Land, manchmal auch nach nebenan, nach Mecklenburg. Der Urmecklenburger Fritz Reuter gab 1855–1856 ein »Unterhaltungsblatt für beide Mecklenburg und Pommern«[2] heraus, und in einem Polterabendgedicht von 1857 läßt er »Fru Möllern ut Pommern« – nämlich seine Frau, Luise Reuter – und »Fru Schulten ut Meckelnborg« auftreten. Die plattdeutsche Sprache ist die große Gemeinsamkeit der Mecklenburger und der Pommern, so daß sie sich seit langem als Landsleute im engeren Sinne fühlen. Und Mecklenburg und Pommern sind auch in ihrer Historie unlösbar verknüpft. Der Mecklenburger Johann Heinrich Voß traf mit seinen Leibeigenen-Idyllen durchaus nicht nur die Mecklenburger Junker, sondern auch die pommerschen. Und der Mecklenburger Ernst Theodor Johann Brückner war geistig und verwandtschaftlich mit dem Pommern Caspar David Friedrich verbunden. Der Schriftsteller Hans Fallada, der ein Mecklenburger wurde, war eigentlich ein Pommer, weil er 1893 in Greifswald als Rudolf Ditzen zur Welt kam und als solcher hier in Greifswald auch seine erste Gefängnisstrafe absaß...

Ich wünsche meinen Lesern viel Freude und Anregung für das Studium der interessanten Geschichte unserer Heimat.

Der Pommern Treue ist sprichwörtlich. So muß ich auch in ehrlicher Dankbarkeit meiner Lektoren gedenken: Wolfgang Müns, der dieses Buch wollte, sowie Dr. Andreas Zecher und Dr. Uwe Eberhardt, die es nach der friedlichen Vereinigung Deutschlands auf den

---

[2] neu herausgegeben: Rostock 1989

Markt brachten, als »Mein Pommernbuch« und »Vorpommern« (Mein Großes Reportagenbuch). Träume sind in Erfüllung gegangen, die Einheit Deutschlands und die Bildung des Landes Mecklenburg-Vorpommern. Es war ein Sieg über starren Beton. Der Stralsunder Maler Manfred Kastner malte eiserne Tore, die von zarten Pflanzenwurzeln durchbrochen wurden... Und Wolfgang Müns nahm mein Manuskript in Rostock in Empfang, als man das Pommernlied nicht singen, sondern höchstens summen durfte... Dank allen, die auf ihre Weise die politische Wende von 1989 in der damaligen DDR vorbereiten halfen. Sie dürfen nicht im Buch der Geschichte vergessen werden, das alles aufzeichnet, auch die kleinen Schritte und die stillen Siege.

Ich bin freie Publizistin. Zur »Reporterin« ernannte mich eigentlich Pastor Keller in Trantow bei Loitz, als ich dort über Ernst Moritz Arndt recherchierte. Es war eine emsige und ermutigende Archivarbeit im alten Pfarrhaus mit dem »gastfreundlichen Halmendach« (Johann Heinrich Voß). Deutsche und pommersche Geschichte waren mehr als Kleingedrucktes in marxistischen Lehrbüchern.

Oh, mein treuer Arndt, mein tapf'rer Schill, eure Schicksale widerspiegeln Pommerns Geschichte voller Mühsal und Tragik. Arndt half, seinen Erzfeind Napoleon zu besiegen, »belohnt« wurde er mit Amtsenthebung.

Bekanntermaßen »frißt die Revolution ihre Kinder«, und wer eine politische Wende vorbereiten hilft, gerät nach deren Vollendung leicht ins Aus. Schill starb jung, doch sein Grab überlebte deutsche Reiche und deutsche Republiken. Diesem Grab verdanken es die Stralsunder, daß ihr Knieperfriedhof unter der Herrschaft vom »Genossen« Ernst Timm nicht zu einer Art Luna-Park glattgewalzt wurde. Schills allerletzte Heldentat auf Erden!

Dieses Buch soll Brücke zwischen Vergangenheit und Zukunft sein. Wer seine Vergangenheit leugnet, wird in dumpfer Sprachlosigkeit in eine ungewisse Zukunft taumeln. Die Geschichte läßt uns Parallelen ahnen. Einst ging das kleine Volk der wendischen Pommern auf im großen Reich der Deutschen. Heute geht jener abgeschnürte deutsche Volksteil, der sich DDR nannte, in Deutschland und Europa auf, und alle sind gespannt, was es dabei mitbringt und was es annimmt.

Auch in Greifswald waren die Anfänge der politischen Wende in der DDR 1989/90 verheißungsvoll. Große Hoffnungen hatten das Neue Forum und die Neuformierung der Ost-CDU geweckt.

Bei einer Ansprache auf dem Markt nach einer Mittwochabend-Demonstration schilderte der Theologe und Leiter der Greifswalder Odebrecht-Stiftung Hinrich Kuessner seinen Werdegang von langer politischer Abstinenz zur politischen Aktivität, zuerst im Neuen Forum, dann in der SPD. Er ist jetzt Mitglied des Bundestages und fühlt sich auch als Ossi recht wohl im Bonner Wasserwerk. Sein politischer Instinkt wurde geweckt, als er für die Belange der Behinderten eintrat. Er schätzt den harten politischen Streit, der unerbittlich ist in den Sachfragen, aber niemals persönlich verletzt.

Auf dem Weihnachtsmarkt 1989 waren Flugblätter des Neuen Forums verteilt worden, auf denen es hieß: »Die Führung der SED hat das Volk der DDR belogen und betrogen. Die ersten führenden Genossen sind eingesperrt bzw. Haftbefehl ist erlassen. [...] Kommt zur SED-Kreisleitung und zum Amt für Nationale Sicherheit (bisher Ministerium für Staatssicherheit, Domstr.) und helft mit, daß uns, dem Volk, kein weiterer Schaden zugefügt wird. Am 4. 12. ab 13 Uhr werden wir dort Wache stehen. [...] Haltet Euch bereit zum Generalstreik am 6. 12. ab 13 Uhr! Wir fordern: 1. Auflösung der Betriebsparteileitungen der SED/2. Volkssiegel auf alle Panzerschränke/Alle Macht dem Volke!«

In seinem Bericht »Der 4. Dezember 1989 oder ein Tag im Hause der Staatssicherheit in Greifswald« erzählt Hinrich Kuessner: »Um 13 Uhr kamen wir zum Amt für Nationale Sicherheit. Es versammelten sich rund 200 Menschen vor dem Haus. Eine Menschenkette versperrte die Eingänge. 4 Bürger, der 1. Stellvertreter des Oberbürgermeisters und der Kreisstaatsanwalt gingen in das Haus und trugen dem Leiter des Amtes, Herrn Erfurth, ihr Anliegen vor. [...] 9 Bürger besetzten die Pforte, Keller und die drei Geschosse des Hauses, um Bewegungen im Haus zu beobachten. Diese Bürger wechselten alle Stunde. Bürger vor dem Haus stellten gegen

14 Uhr fest, daß aus dem Schornstein Papierasche kam.« Aus einem Heizungskessel wurden angesengte beschriebene Papiere geborgen. Die etwa 70 Panzerschränke der Stasi waren von Kreisstaatsanwalt Schwanke versiegelt worden...

In einem Haus in der Wiesenstraße der Altstadt, das die Stürme der Zeit überdauert hatte, war das Büro der Sozialdemokraten untergebracht. In der grellen Frühlingssonne von 1990 leuchteten die roten und weißen Wahlplakate, und auf der gegenüberliegenden Straßenseite gähnten die schwarzen Fensteröffnungen grauer Abrißhäuser. Im Büro gingen die Besucher ungeniert aus und ein, Menschen in Aufbruchstimmung, manche in freudiger Erregung, andere voll aufgestauter Wut. Draußen trieb der kalte Wind den Staub durch die trostlosen Straßen, aber im Büro war es warm und durchaus gemütlich. Hier residierte rauh, doch voll menschlicher Wärme als erster Geschäftsführer der Greifswalder Sozialdemokraten der Baggerfahrer Lothar Brand. An Computern, Geschenken von Parteifreunden aus dem Westen, arbeiteten der Physiker Dr. Jürgen Behnke und sein junger Assistent Christoph Pahl. Und die ersten journalistischen Gehversuche einer unabhängigen Zeitung lenkte und leitete Hans-Erich Schult, ein altgedienter Journalist, mager und verräuchert, aus Hamburg. Er hatte den stillen Herbert Fuchs mitgebracht, als Layouter, im tägliche Leben Schuldirektor. Die beiden, der Redakteur mit dem galligen Humor und das bescheidene »Füchslein« mit dem schlagfertigen Witz, waren die ersten Wessis, die ich in Greifswald nach der Wende tätig sah: mit unermüdlichem Fleiß und voll treibender Aktivität.

Und vor der ersten freien Wahl in der DDR am 18. März 1990 stand der Greifswalder Mathematikprofessor Frank Terpe, später Forschungsminister in der letzten Volkskammer, bei strömendem Regen unter einem SPD-Schirm auf dem Markt und hielt Wahlreden. Er wohne in der Kuhstraße, lud er zu politischen Gesprächen ein...

Leergeräumt sind die Regale im Lesesaal der Greifswalter Universitätsbibliothek, wo die vielen Marx- und Leninbände standen. Der leere Platz ist Anfrage und Herausforderung.

Nicht Denkmäler und einseitige Freund- und Feindbilder brauchen wir, sondern eine umfassende und kritische Sicht der deutschen Geschichte, nach der Vereinigung bereichert durch die Ergebnisse vierzigjähriger DDR-Historie. Auf deutschem Boden wurden mancherlei politisch-wirtschaftliche Großexperimente durchgeführt. Die Ergebnisse waren meist sehr leidvoll, aber immer lehrreich. Ich weiß nicht, ob in Peenemünde jemals ein Disney-Park entstehen wird. Vorerst, am 23. Februar 1991, wurde ein Verein mit einem recht langen Namen gegründet: »Förderung und Aufbau des historisch-technischen Museums Peenemünde – Geburtsort der Raumfahrt« e. V. Das Museum soll im Peenemünder Kraftwerk, das einst im Bauhausstil errichtet wurde, untergebracht werden. Dieses Kraftwerk auf Kohlebasis lieferte von 1939 bis 1942 den elektrischen Strom für die Heeresversuchsanstalt der Wehrmacht, wurde am 1. April 1990 als unrentabel vom Netz genommen und ist nun nur noch Wärmelieferant für die Bundesmarine.

Möglicherweise lassen sich gut erhaltene Reste der Flügelbombe V1 und der ersten deutschen Großrakete V2A4 vom militärischen Sperrgebiet bergen oder aus den Fluten der Ostsee vor der nördlichsten Spitze Usedoms, auf der Peenemünde liegt. Die Nationale Volksarmee der DDR hat zwei schnittige Kampfflugzeuge sowjetischer Herkunft hinterlassen: eine Mig 21 und eine Mig 23. Beide sind nie nach Bonn gelangt, aber Bonn zu ihnen. Die Exponate werden bequem Platz finden im 38 Meter hohen Kesselhaus des Kraftwerks. Und sie sollen kritisch betrachtet werden: als janusköpfige Zeugnisse genialen menschlichen Erfindergeistes einerseits und wahnwitziger militärischer Überproduktion sowie unkontrollierter Weltraumforschung andererseits. Wissenschaft ohne Ethik ist sinnlos und wird schnell zur Teufelei.

Greifswald, im Mai 1987 und im Januar 1991

ZWEITER TEIL

In kulturellen Gedenkstätten und auf den Spuren der Geschichte Vorpommerns

Carl von Keffenbrink aus Krien – der jüngste der Schillschen Offiziere

Krien, ein Dorf im Kreis Anklam, liegt abseits der großen Fernverkehrsstraßen – still, verträumt, aber auch ein wenig städtisch, ein »Musterdorf« sagen manche. In der Bauernstraße 10 in Krein befindet sich ein hellblau gestrichenes Haus mit hohem Dach. Lebensbäume im Vorgarten stimmen feierlich und nachdenklich. Unwillkürlich sieht sich der Betrachter nach einer Gedenktafel um. Sie fehlt. Und doch widerspiegelt die Geschichte dieses Hauses und seiner Bewohner einen Teil der Geschichte Pommerns und Preußens. Das erfahren wir, als wir den Heimatforscher Otto Wolatz in Neu Krien, einem Ortsteil von Krien, aufsuchen...

Nach der Katastrophe von Jena und Auerstedt hatte in Preußen eine Welle von Entlassungen eingesetzt. Entlassen wurde der preußische Außenminister Christian Graf von Haugwitz, der mit Napoleon den Länderschacher um Hannover getätigt hatte. Aber auch der Minister Karl Reichsfreiherr vom und zum Stein, von König Friedrich Wilhelm III. als »widerspenstiger, trotziger, hartnäckiger und ungehorsamer Staatsdiener« bezeichnet, wurde am 4. Januar 1807 aus dem Staatsdienst entlassen und zog sich auf sein nassauisches Stammgut an der Lahn zurück. Nach dem Tilsiter Frieden wurde er allerdings nach Memel berufen und mit der Leitung der Zivilverwaltung Preußens betraut. Er bereitete durch seine Reformen die Befreiung Preußens vom napoleonischen Joch vor. Am 9. Oktober 1807 erfolgte die Aufhebung der Leibeigenschaft, am 19. November 1808 die Reform der Stadtverwaltung. Städtische Selbstverwaltung und die Gewerbefreiheit anstelle des Zunftzwangs begünstigten nun die kapitalistische Entwicklung Preußens. Das geschah gegen den Willen der reaktionären preußischen Junkerschaft, vertreten durch den »Urjunker« Friedrich August Ludwig von der Marwitz, der auch ein ausgesprochener Gegner Schills war, obwohl er wie dieser 1807 mit einer Freischar zu Blücher nach Rügen ging.

Steins Streben richtete sich vor allem gegen die feudalabsolutistische Bürokratie. Noch im hohen Alter schrieb er: »Unser Unglück ist, daß wir von besoldeten, buchgelehrten, interesselosen, eigentumslosen Buralisten regiert werden.« Am 24. November 1808 wurde Stein erneut entlassen, nachdem ein Brief von ihm an den deutschen Fürsten und russischen General von Wittgenstein, den Tugendbund und die Vorbereitungen zum Volksaufstand betreffend, Napoleon in die Hände gespielt worden war. Die Entlassung Steins, dessen Güter Napoleon beschlagnahmen ließ, war ein politischer Skandal ohnegleichen. Kein Aufsehen hingegen erregte der Abschied eines kleinen Gefreiter-Korporals, der im August 1805 bereits im Alter von 13 Jahren und acht Monaten beim Infanterieregiment Prinz Louis Ferdinand in Magdeburg eingeschrieben worden war: Carl von Keffenbrink. Seine Entlassung aus der preußischen Armee nach dem Tilsiter Frieden war kein Einzelschicksal.

Carl von Keffenbrink wurde am 17. Nobember 1791 in Krien in Preußisch-Vorpommern im heutigen Haus Bauernstraße 10 geboren. Sein Vater, Erbherr von Plestlin und Öbelitz, königlich-preußischer Hofgerichtsrat in Köslin, starb schon 1794. Seine Mutter war Sophia Louise Dorothea geborene von Podewils aus dem Hause Sanzkow. Für die militärische Rangliste wurde das Eintrittsalter des jungen Keffenbrink in die preußische Armee etwas höher angegeben, nämlich 14 Jahre und sechs Monate. Damit war eine Kabinettsorder von 1804 umgangen, nach der »Junker nicht vor vollendetem 14. Lebensjahr in die etatsmäßigen Junkerstellen eines Regiments eingereiht werden« durften. Den Rang (Fahnen-)Junker hatten junge Soldaten, die für die Offizierslaufbahn vorgesehen waren. Man ließ sie oft früher bei einem Regiment eintragen, als sie dort dienten, weil, wie Binder von Krieglstein betont, »die Dienstjahre vom Tage der Anmeldung des Junkers zählten«.

Als der junge Keffenbrink seinen Abschied aus einer Armee, die ihm keine Chance auf Beförderung bot, genommen hatte, ging er zusammen mit seinem Bruder als Freiwilliger zu Blücher nach Rügen. Nachdem die Pläne Blüchers dort gescheitert waren, saß Carl von Keffenbrink bald untätig bei der Mutter auf dem Gut Öbelitz bei Richtenberg in der Nähe von Stralsund.

Als Schill in Pommern eingezogen war, eilte ihm Keffenbrink entgegen und trat als Leutnant in das Schillsche Freikorps ein. Eine schnelle Karriere? Schill, der selbst einige Zeit als »der älteste Leutnant in der preußischen Armee« gegolten hatte, legte bekanntlich keinen großen Wert auf Etikette und Einhaltung der traditionellen Rangordnung. Umso tragischer das schnelle Ende...

Unter den am 16. September 1809 in der preußischen Festung Wesel in der Nähe von Düsseldorf erschossenen elf Schillschen Offizieren war Carl von Keffenbrink der jüngste. Er war 17 Jahre alt. Er hatte, als er am 31. Mai 1809 in Stralsund gefangengenommen wurde, nur acht bis zehn Tage im Schillschen Freikorps gedient. Aber das war für das französische Kriegsgericht belanglos. Immerhin wurde auch der 19jährige Offizier Ernst Friedrich von Flemming, der sich erst am 30. Mai Schill anschloß, also nur zwei Tage bei ihm gedient hatte, in Wesel erschossen.

Unmittelbar vor dem Abtransport aus Stralsund schrieb der gefangene Carl von Keffenbrink am 9. Juni an seine Mutter beruhigend:

»[...] Ich gehe nun nach Magdeburg, meine alte Garnison, und werde Dich, so Gott will, bald wiedersehen, um dann in Deinen Armen die Ruhe zu genießen, denn der Soldatenstand ist mir jetzt verleidet. [...] Glaube nicht, daß ich totgeschossen werde, wenn ich auch 3 oder 6 Monate für meine Frechheit sitzen werde, so komme ich doch wieder zu Dir. Sei nicht böse auf mich, ich hoffe, alles wieder gutzumachen, wenn ich wieder bei Dir bin [...] Gott erhalte Dich, und bleibe gesund; denn ich habe gute Hoffnung; aber setze Dir nichts in den Kopf; denn es hat nichts zu bedeuten. Dein Dich bis in den Tod liebender Sohn Carl.«

Als ein Trupp gefangener Schillscher Soldaten durch die Stadt

Brandenburg geführt wurde, überfielen Einwohner die französischen Wachmannschaften und befreiten etwa zwanzig Gefangene. Doch das war nur eine mutige Einzelaktion. In der deutschen Bevölkerung herrschten insgesamt Furcht und Niedergeschlagenheit. Ernst Moritz Arndt klagte von Schweden aus in einem Gedicht:

»O Deutsche nicht mehr Deutsche,
Nicht Männer, eitel Weiber!
Was krümmt ihr tief die Leiber
Dem Schlag der Sklavenpeitsche?«

Und im »Lied vom Schill« schrieb Arndt später:

»O Stralsund, du trauriges Stralesund!
In dir geht das tapferste Herz zugrund,
Eine Kugel durchbohret das treueste Herz,
Und Buben sie treiben mit Helden Scherz.«

Die elf gefangenen Offiziere hatten auf dem Transport in das Rheinland mehrfach Gelegenheit zur Flucht. Sie schworen aber, sich einander nicht zu verlassen. Die Flucht eines einzelnen Gefangenen hätte das Los der zurückgebliebenen unsäglich verschlimmert. Und noch war die Hoffnung auf Begnadigung nicht erloschen. Noch hofften die Offiziere auf die Fürsprache einflußreicher Verwandter. Binder von Krieglstein schreibt: »Es ist schwer, sich auf den Standpunkt so kindlicher, weltfremder und begeisterter Seelen zu versetzen.«

Erhalten ist uns der Abschiedsbrief Carl von Keffenbrinks vom Hinrichtungstag:

»Wesel, den 16. 9. 1809

Liebe Schwester Es ist das Schicksal der Welt, daß soviel Ungerechtigkeit gemacht wird; denn ich bin noch mit 10 meiner Kameraden zum Tode verurteilt. Gott weiß, daß ich unschuldig bin, und in dieser Hoffnung sterbe ich auch mit frohem Mut. Gott erhalte unsere Mutter. Ich schreibe Dir dieses, damit Du es ihr mit der Zeit sagen kannst. Sei nicht mißvergnügt; denn in einer besseren Welt sehen wir uns wieder. Tröste meine gute Mutter in diesem Unglück. Ich kann Dir weiter nichts sagen; mein Herz fühlet desto mehr. Grüße meinen Bruder und sage ihm, er soll den Soldatenstand bis

in den Tod hassen und meine Mutter in der Wirtschaft unterstützen. Er soll sich ein Beispiel an mir nehmen. Leb wohl und vergiß nicht Deinen Dich auch noch im Tode liebenden Bruder Carl von Keffenbrink
In ein paar Stunden bin ich nicht mehr.
Behalte die Ohrringe zum ewigen Gedenken.
Dem Fräulein Friederike von Keffenbrink zu Öbelitz in Schwedisch Pommern bei Stralsund.
Wenn Du Mutter es gesagt hast, so laß sie diese wenigen Zeilen lesen.

Liebe Mutter! Bald wirst Du mich in jene Welt folgen, da werden wir uns froh wiedersehen. Ich bin nicht an dem Unglück schuld; denn ich mußte folgen; aber in jene Welt soll uns nichts voneinander trennen. Ich gehe mit Mut dem Tod entgegen und scheue ihn nicht; denn ich gehe mit gutem Bewußtsein zu Gott hinüber. Adieu liebe Mutter. Sei versichert, daß ich auch im Tode noch Dein Dich liebender Sohn bin. Carl von Keffenbrink«

Das Urteil wurde den Schillschen Offizieren am Gerichtstag, dem 16. September 1809, um 11.30 Uhr verlesen, die Verurteilten durften ihre Abschiedsbriefe schreiben, und um 13 Uhr erfolgte die Urteilsvollstreckung auf einer Wiese an der Lippe durch 66 französische Grenadiere. Bei L. Häusser lesen wir dazu:

»Zwei und zwei aneinander gefesselt, erwarteten sie stehend und mit unverbundenen Augen die feindlichen Kugeln; sie brachten ihrem König noch ein Hoch und kommandierten dann Feuer! Im nächsten Augenblick lagen 10 tot am boden; der elfte (nach einigen [Friedrich] Felgentreu, nach anderen der eine [Albert oder Karl von] Wedell) war nur am Arm verwundet; er riß die Weste auf und rief, auf sein Herz deutend: ›Hierher Grenadiere!‹ Einen Moment später hatte auch er ausgelebt.«
Die Leichen warf man in drei wassergefüllte Gruben...

Am 17. 11. 1934 wurde in demagogischer Absicht am Geburtshaus Carl von Keffenbrinks eine Gedenktafel angebracht. Sie enthielt neben den Lebensdaten die Inschrift: »Zum Gedenken an den jüngsten Schillschen Offizier Karl von Keffenbrink. Für Deutschlands Freiheit«. In den letzten Tagen des Aprils 1945 hat ein Soldat der Hitler-Wehrmacht diese Tafel stark beschädigt, indem er mit seinem Seitengewehr einzelne Buchstaben aus ihr herausbrach...

Interessant ist auch die Geschichte des Hauses Bauernstraße 10 in Krien. Die Eltern Carl von Keffenbrinks waren vermutlich Gäste beim Grafen von Schwerin, als sie hier wohnten. Das Haus war die Oberförsterei des Grafen. Er hatte den gesamten Wald um Krien als Lehen, d. h. in erblichem Nutzungsrecht. Eigentümer des Waldes war der preußische Staat. Als das Lehen aufgelöst wurde, war Krien für die Schwerins ohne Interesse, und das Forsthaus wurde an einen Müller namens Harder verkauft. Ab 1845 gehörte es zum Grundstück einer Wind- und Roßmühle.

Vom Wald wurden 3 000 Morgen abgeholzt, nachdem er im Rahmen der Separation 1823 an die 23 Kriener Büdnerstellen zur Nutzung als Weide aufgeteilt worden war. Die Separation ist Bestandteil der Stein-Hardenbergischen Reformen gewesen. Die Allmende, d. h. das Gemeindeland, die bisher nur schlecht bewirtschaftet war, wurde den einzelnen Bauern zugeteilt. Felder in ungünstiger Gemenglage wurden zusammengelegt. Die Regulierung, d. h. die Freilassung aus der Leibeigenschaft, erfolgte durch Geldzahlungen an den Gutsherrn oder Abgabe bis zur Hälfte des Bodens! Die Reformen kamen also letztlich den Junkern zugute und wichen erheblich von den ursprünglichen Zielen Steins ab.

In der Doppelschlacht von Jena und Auerstedt war auch die ursprüngliche Staatstheorie Preußens zu Fall gekommen. Hatte der »aufgeklärte Despotismus« Friedrichs II. und in den deutschen Mittel- und Kleinstaaten passive Untertanen verlangt, strebten Stein und Hardenberg die aktive staatspolitische Betätigung und die Eigenverantwortlichkeit der einzelnen Bürger an.

Karl August Fürst von Hardenberg setzte allerdings als Steins Nachfolger die Reformen weniger konsequent fort. Unter seiner Leitung erschien 1810 bis 1812 eine ganze Reihe von Gesetzen, u. a. über die veränderte Verfassung, das neue Steuersystem, die gutsherrlichen und bäuerlichen Verhältnisse sowie über die Emanzipation der Juden.

Von der Marwitz war der Wortführer des Adels bei der Versammlung der preußischen Stände im Februar 1811 in Berlin und erklärte die Verfassungsneuerungen als »eine verderbliche Nachahmung französischer Gebräuche«. Bemühten sich progressive Kreise, die Errungenschaften der Französischen Revolution von 1789 in Deutschland einzuführen, so sah die Reaktion im Kampf gegen diese Revolution und gegen Napoleon eine Einheit. Die Reformen nahmen daher einen äußerst schleppenden Verlauf, die einzelnen Verordnungen kamen den Gutsherren immer weiter entgegen, und immer mehr Bauernland gelangte in die Hand des Adels. Als Ersatz für die Aufhebung der Leibeigenschaft war der Bauernschutz eingeschränkt worden. Den Schlußpunkt der »preußischen Bauernbefreiung« setzte erst ein Gesetz von 1850, das auch die Kleinbauern »regulierbar« machte.

Die Versuche Hardenbergs, eine Volksvertretung einzuführen, waren gescheitert. Stein wurde 1827 Mitglied des 1817 geschaffenen Staatsrates. Die Ziele seiner Reformen waren nur teilweise erreicht worden; denn, so urteilt H. Sieveking zu Beginn unseres Jahrhunderts zur ländlichen Situation: »Die meisten handdienstpflichtigen Bauern waren von ihren Herren in Insten, in Landarbeiter verwandelt worden.« Von einer echten Bauernbefreiung konnte mithin keine Rede sein.

Der Wartislawstein – Gedenkstein oder Grenzmarkierung?

Der Tod des Pommernherzogs Wartislaw I. in der Überlieferung

»An einem schönen Frühlingsmorgen ritt Herzog Wartislaw der Bekenner von seiner festen Burg Demmin. Am Peeneufer wollte er mit seinem Gefolge der Jagd sich widmen. Als Herzog Wartislaw ermüdet war, legte er sich zur Ruhe im Schatten einer Eiche nieder, sein Jagdgefolge entfernte sich. Fischerhütten standen an der Peene, graue Netze hingen am Ufer. – Da kam ein wendischer Fischer einher und nahm den Weg ins Feld. Er sieht den Herzog ruhen unter jenem Baum – Christenherzog auf dem Heidenacker. Er sieht dem Schlafenden ins Antlitz, erkennt ihn als den Fürsten Wartislaw und zückt die Keule über seinem Herrn, weil der den Aufruhr in die Peenelande brachte, da er christlich ward. >Die Heidengötter dulden keinen Christenmenschen<, meint der feventliche Heide. Er stürzt sich wütig auf den Herzog. Der hebt sich sterbend in die Höhe, getroffen von der Heidenkeule. Aber noch im Schmerz stark, packt er den Grausamen und hält am Haupt ihn fest, reißt ihm mit starker Hand den Kiefer und den Backen weg und schleudert seinen Mörder in das Gras. Der Herzog starb nach kurzen Stunden.«

So lautet ein alter Bericht.

Bischof Otto I. von Bamberg war während seiner zweiten Missionsreise 1128 nach Usedom gekommen. Auf die Burg Usedom hatte Wartislaw zu Pfingsten die westpommerschen Fürsten und Häuptlinge zusammengerufen. Er führte den Bischof in die Versammlung ein und hielt als bereits getaufter Landesherr die eigentliche Missionsrede, und der wendische Adel nahm auf der Burg Usedom das Christentum an.

Der genaue Zeitpunkt der Ermordung Wartislaws I. ist nicht bekannt. Die Angaben schwanken zwischen 1134–1136 und 1147–1148. Sowohl der Mord an Wartislaw I. durch die Wenden als auch der Kreuzzug gegen die Wenden 1147 waren erschreckende Terrorakte bei religiösen und politischen Auseinandersetzungen.

Im Kreis Anklam, zwischen Stolpe und Liepen am Abzweig nach Grüttow, steht ein roter Granitstein. Seine Vorderseite zeigt das christliche Kreuz und ein slawisches Trinkhorn, seine Rückseite Reste des primitiv eingeritzten Umrisses einer menschlichen Gestalt. Wir haben offensichtlich eines der ältesten Denkmäler Pommerns aus historischer Zeit vor uns, und die Überlieferung hat ihn mit dem Mord an Wartislaw I. in Verbindung gebracht. Ein großes Trinkhorn findet sich auch auf dem Svantevitstein in Altenkirchen auf Rügen, dessen Entstehung vor 1168 angenommen wird. Er wurde später liegend in die Dorfkirche eingemauert. Die Kombination von Horn und Kreuz auf dem Wartislaw-Stein bei Grüttow wirkt wie ein Zeichen der Koexistenz von heidnischer und christlicher Religion. Aber das Horn war auch Zeichen der herzoglichen Würde. Am wahrscheinlichsten ist folgende Deutung: Ein alter wendischer Grabstein (jetzige Rückseite) wurde zu einem Gedenkstein für den Pommernherzog Wartislaw umfunktioniert.

Manche deuten den Wartislaw-Stein auch als Grenzstein zwischen klösterlichem und herzoglichem Besitz. Der Regionalforscher Werner Wöller hält das für unwahrscheinlich. Er verweist darauf, daß sowohl Kloster als auch Herzogtum christlich waren, und da könne kaum das christliche Kreuz und das heidnische Trinkhorn Verwendung gefunden haben. Nach einer mündlichen Überlieferung im Volk sei auf der Anhöhe der Grüttower Feldmark einst ein Ritter mit seinem Pferd gestürzt und habe sich das Genick gebrochen. Die Schuld schrieb man dem Teufel zu. Und so hätten die Angehörigen des Ritters an der Unglücksstelle einen Stein setzen lassen mit dem Bildnis, das manche für das Konterfei des Teufels halten. Noch vor 120 Jahren sollen Hörner sowie Pferde- und Hühnerfuß zu erkennen gewesen sein...

Ursprünglich habe der Stein an der Todesstätte Wartislaws I. gestanden, sei aber im Acker hinderlich gewesen und deshalb später an der Straße aufgestellt worden.

Nahe dem geheimnisvollen Stein mit dem christlichen Kreuz und dem wendischen Horn führt eine alte gepflasterte Straße in das Dorf Grüttow. Eine Frau aus dem Dorf erzählt: Mit eigenen Augen habe sie den Teufel, den Hockauf von der Rückseite des Steins, mitten auf dieser schmalen Straße gesehen. Er sei ihr auf den Rücken gesprungen, und sie habe ihn eine ganze Wegstrecke lang schleppen müssen. Das sei ihr schwergefallen, zumal ja die Straße leicht bergauf führt. Sie wäre mit dem Bus aus Anklam gekommen und hätte zwei volle Einkaufstaschen zu tragen gehabt. Kurz vor Grüttow sei der Hockauf abgesprungen.

Die gleiche Frau erzählt: »Vor ein paar Jahren ist jemand auf den Einfall gekommen, den Wartislawstein von oben bis unten mit roter Farbe anzustreichen.« Manche hätten das gut gefunden, aber das Denkmalamt habe die rote Farbe wieder entfernen lassen.

Frau Steffen, Rentnerin und Inhaberin der Poststelle in Grüttow, bewohnt hier ein großes altertümliches Bauernhaus. Wohnung, Poststelle und Eiersammelstelle sind unter einem Dach. In der großen, niedrigen Küche ist noch der ursprüngliche Rauchfang zu erkennen. Wer vom Hausflur in diese Küche eintritt und nicht gerade Kind oder Zwerg ist, muß den Kopf gehörig einziehen, so niedrig ist der Eingang. Und das kleinste Küchenfenster der Welt schaut auf einen wunderschönen Garten am Hang. Die Vorfahren von Herrn Steffen erwarben dieses Haus, nachdem ihr Anwesen auf der Insel Usedom bei den Sturmfluten von 1872 und 1874 verschwunden war. Das ganze Vorwerk Damerow samt dem Besitz der Steffens versank damals in den Wellen der Ostsee. (An der alten Straße von Zempin nach Koserow erinnert beim Kilometerstein 23,1 ein Gedenkstein an diese Sturmfluten.)

Frau Steffen erzählt: Auf dem Grüttower Kirchhof erfolgte die Anordnung der Gräber zueinander analog dem Bebauungsplan des Ortes. Die Nachbarn im Leben trafen sich im Tod wieder.

Die kleine hübsche Kirche in Grüttow wird nicht mehr benutzt, und niemand will auf dem Kirchhof Gras mähen. Ruinen signalisieren: ein absterbendes Dorf! Aber jedes Jahr von neuem klappern Störche auf einer zerfallenen Scheune, und weidende Kühe sind auf den Koppeln.

Zum Gedächtnis an Wartislaw I. wurde eine Kirche bei Stolpe – nahe der Mordstätte – erbaut, »die erste Kirche des Landes Groswin«. 1153 erfolgte durch Bischof Adalbert unter Mitwirkung von Herzog Ratibor, dem Bruder Wartislaws I., die Gründung des Klosters Stolpe. Die Benediktinermönche kamen zunächst aus dem Magdeburger Kloster Berge. Zum Kloster gehörten mehr als hundert urkundlich erwähnte Besitzungen, so Korswandt und der Wolgastsee auf Usedom. Nach Krisenerscheinungen schloß sich Kloster Stolpe 1304 dem Zisterzienserorden an und wurde Pforta an der Saale unterstellt. Nach der Reformation war das Kloster im Besitz der Pommernherzöge, die hier zeitweilig Hof hielten.

Das Kloster war gut befestigt. Deshalb hatte Stolpe auch eine nicht unbedeutende Rolle bei den Auseinandersetzungen zwischen Dänen und Deutschen um die Vorherrschaft in Pommern gespielt. Als sich während des Dreißigjährigen Krieges 1637 die Kaiserlichen im Kloster verschanzten, wurde es von den Schweden beschossen und brannte fast vollständig ab.

Beim Westfälischen Frieden 1648 geriet Vorpommern an Schweden. Stolpe und weitere Besitzungen wurden schwedisches Krongut, das Königin Kristina von Schweden dem Gouverneur von Schwedisch-Vorpommern, Graf Steenbock, schenkte. Kristina war die Tochter und Nachfolgerin Gustav Adolfs. Sie wurde katholisch und dankte 1654 ab, denn nach schwedischem Recht konnte sie als Katholikin nicht Königin von Schweden bleiben. Sie starb 1689 in Rom.

Ein Findling unter dem Hauptaltar

Nach dem Nordischen Krieg fiel Stolpe 1720 beim Friedensschluß von Stockholm an Preußen und wurde Staatsdomäne, 1807 kam es in Privatbesitz. Heute steht nur noch eine Ruine: das Untergeschoß des Westturmes der Klosterkirche. Die Mauern aus Feldsteinen dieses trutzigen Riegelturmes sind bis zu 2,80 Meter dick. Die basilikal-romanische Anlage glich einer Festung. Das war nicht zuletzt eine Reaktion auf den Mord an Wartislaw. Bei den Ausgrabungen, die 1957 bis 1960 durchgeführt wurden, stieß man auf einen gewaltigen Findling, der offensichtlich das Fundament des Hauptaltars der Kirche war. Seine Größe stand, erfahren wir aus dem Grabungsbericht von Joachim Fait, in keinem Verhältnis zum übrigen Raum. Er war möglicherweise ein heidnischer Opferstein, und die Erbauer des Klosters drückten architektonisch den Sieg des Christentums über das Heidentum aus. Auch der Mord an Wartislaw wird durch die Nähe einer heidnischen Kultstätte motiviert. Die Anwesenheit des Christenherzogs nahe der alten Kultstätte war für die Heiden ein ganz besonderer Frevel, und der Mörder sah in seiner Tat vielleicht eine Sühnehandlung, bei der er straffrei auszugehen hoffte.

1893 wurde auf Anregung des deutschen Kaisers Wilhelm II., der Wartislaw I. zu seinen Vorfahren zählte, die neogotische Wartislaw-Kirche in Stolpe erbaut. Sie ist ein Dom en miniature. Über der

Eingangstür befindet sich ein Relief: In der Mitte steht Christus, links und rechts von ihm knien Wartislaw in Ritterrüstung und Otto von Bamberg mit einem Modell der Kirche in den Händen.

Im Volk blieb die Erinnerung an Wartislaw den Bekenner wach. So heißt es in einem Gedicht in der Chronik des Thomas Kantzow aus dem 16. Jahrhundert: »Ich Wartislaff, der Pomern Fürst, / Der Erste, der da [zu] schaffen turst [wagte], / Das dies unglawbisch heidnisch Land / Annhemen must der Christen Stand / Nach unsers Hern Gepurte clar [hell, rein] / Eilffhundert vier und zweintzigk Jar, / Der ich auch hab gestifftet fein / Das herlich Bischtumb zu Camein [Kammin]. / [...]«

Das Gedenkkreuz von 1928 auf dem Alten Burgberg bei Usedom, das an die Christianisierung der Wenden Pfingsten 1128 erinnert, enthält einen Ausspruch des Bischofs Otto I. von Bamberg: »Gott will nicht erzwungenen, sondern freiwilligen Dienst.«

An die Wenden erinnern heute nur noch über hundert Burgwälle, viele Bodenfunde und einzelne Bildsteine. Mitunter läßt sich noch hier und da die ursprüngliche wendische Dorfanlage erkennen: Die Häuser standen rund um einen freien Platz, meist mit einem Teich und mit Lindenbäumen. Diese Dörfer waren in sich abgeschlossen, in sie führte oftmals nur ein einziger Weg hinein und wieder heraus.

Die wendische Sprache ist verklungen. An sie erinnern Dorfnamen mit den Endungen -itz, -ow und -in und Städtenamen wie Anklam, Demmin, Kolberg, Naugard, Pasewalk, Pyritz, Stettin, Treptow, Usedom und Wolgast. Nur wenige Vokabeln sind uns bekannt. Und das Wenige ist ungewiß, so bedeutet wahrscheinlich Treptow – die Rodung, Usedom – die Flußmündung, Liepe – Lindenort, Welzin – Erlenort. Auch der Name Pommern – Land am Meer – ist wendisch.

Die Wenden – so nannten in älterer Zeit die Deutschen ihre slawischen Grenznachbarn – hatten keine Schriftsprache und damit auch keine exakte historische Überlieferung. Die historischen Einzelheiten, geschöpft aus den sich oft widersprechenden deutschen und dänischen Quellen, lassen sich schwer einordnen. Anfang des 12. Jahrhunderts hatte Wartislaw seine Herrschaft von den östlichen Odergebieten auf das von Lutizen besiedelte Gebiet des späteren Vorpommerns bis nach Demmin ausgedehnt. 1121/22 war Stettin, die Hauptstadt Pommerns, vom polnischen Herzog Boleslaw Schiefmund erobert worden. Es kam außerdem, wahrscheinlich am Ende der zwanziger Jahre des 12. Jahrhunderts, zu einem gemeinsamen Feldzug Polens und Dänemarks gegen das pommersche Herzogtum, auf das auch die deutsche feudale Ostexpansion zielte. Möglicherweise verbündete sich Wartislaw mit dem deutschen König Lothar, der gleichzeitig Herzog von Sachsen war, gegen benachbarte slawische Stammesverbände, die südlichen Lutizen, um sich aus der Abhängigkeit vom Herzog von Polen zu befreien. Daraus hätten sich auch politische Motive für seine Ermordung ergeben. Pommern erlangte seine politische Unabhängigkeit von Polen, als dort 1138 nach dem Tod von Boleslaw Streitigkeiten um den Thron ausbrachen. Dagegen wurde es um 1182 vom römisch-deutschen Kaiser Friedrich I. (Barbarossa) als reichsunmittelbar erklärt. Pommern hatte in der zweiten Hälfte des 12. Jahrhunderts seinen Einfluß auf weitere Gebiete der Tollenser, Redarier und Ukranen einschließlich der später zu Brandenburg gehörenden Territorien Barnim und Teltow ausgedehnt.

Ein Bildstein aus Vorpommerns ältester Zeit

Am 12. November 1936 wurde beim Bau einer neuen Heißluftheizung in der evangelischen Kirche von Krien, Kreis Anklam, ein merkwürdiger Fund gemacht: In etwa zwei Meter Tiefe stieß man vor der südlichen Eingangspforte in den Altarraum auf einen ovalen Granitblock von etwa 80 cm Höhe. Beim Zerschlagen des Bauhindernisses entdeckte man, daß es sich um keinen gewöhnlichen Feldstein handelt, an der die Gegend so reich ist, und hielt mit dem Zerstörungswerk inne.

Geborgen und wieder zusammengesetzt, zeigte der Stein an seinem gesamten Umfang Ornamente. Offensichtlich handelte es sich um einen ehemaligen Taufstein oder, was bei der geringen Größe der Mulde im Stein näherlag, um ein Weihwasserbecken aus katholischer Zeit. Der Fund wurde von der Fachwelt zunächst kaum beachtet, obwohl über die Romanik in Pommern nur sehr wenig bekannt ist. Seit der Renovierung der Kriener Kirche 1966 hat der Stein wieder eine Funktion: In seine Mulde ist die Taufschale eingepaßt.

An der Vorderseite des Taufsteins, das heißt, der Gemeinde zugewandt, findet sich ein schlankes lateinisches Kreuz. Das Kreuz weist in regelmäßigen Abständen quadratische Fortsätze auf, die als stilisierte Knospen gedeutet werden.

Links neben dem Kreuz ist eine Ranke aus Blättern und Früchten dargestellt, ein stilisierter Weinstock. Die rechte Seitenfläche zeigt eine Lilie, die linke eine Lilie mit einem Hahn. Diese christlichen Symbole wurden wahrscheinlich um 1200 von einem Steinmetzen des nahen Klosters Stolpe eingemeißelt. Das Kreuz ist das Zeichen Jesu, der Weinstock mit den Reben Sinnbild der Gemeinde. Die Lilien mit kreuzartig angeordneten Blättern sind das Symbol der himmlischen Liebe und Gnade, auch der jungfräulichen Reinheit und damit der Mutter Maria. Eine solche dreiflammige Lilie findet sich beispielsweise mit verblüffender Ähnlichkeit im ehemaligen Dominikanerkloster in Eisenach auf dem frühgotischen Grabstein des Priesters Johannes de Wingarden von 1368. – Der Hahn ist Zeichen der Wachsamkeit.

Mit Überraschung finden wir auf der Rückseite des Kriener Taufsteins eine zweite Hahnendarstellung: Sie ist archaisch-plump und erinnert an ein Fabeltier. Dieses Hahnenbildnis muß viel älter sein als die übrigen Darstellungen auf dem Stein. Dieser Hahn steht auf starken dicken Beinen, Schnabel und Hahnenkamm sind überdimensional groß. Das verleiht dem Hahn ein mächtiges und streitbares Aussehen. Die Spitze seines Schnabels weist auf einen blumenartigen Stern mit sechs Zacken, wahrscheinlich Darstellung der Sonne oder des Morgensterns und Hinweis auf kosmische Bezüge. Schönheit und magische Ausstrahlungskraft offenbaren sich erst bei längerem Hinsehen.

Walter Kusch, der von 1946 bis 1952 Pastor in Krien war, hat sich intensiv mit der Geschichte und Deutung des Kriener Taufsteins beschäftigt. Er kam zu dem Schluß, daß das ältere Hahnenbildnis wahrscheinlich aus dem 1. Jahrtausend stammt und der Kriener Taufstein somit ursprünglich ein heidnischer Opferstein war. Eine Kerbe im Stein diente zum Töten der Opfertiere, die Mulde zum Auffangen des Blutes. Nachweislich spielte der Hahn in der wendischen Religion eine Rolle und wurde, ähnlich wie bei den Griechen, als Opfertier verwendet.

Hahnendarstellungen waren bei den Wenden beliebt. So lesen wir im »Pommerschen Geschichtsbuch« von Heinrich Bosse und Franz Schmidt (1923): »Im Mai des Jahres 1914 fand der Bauer Fink in Quilitz, einem Dorfe auf der Halbinsel Liepe, die zur Insel Usedom gehört, beim Sandfahren etwa 1/2 m unter der Erdoberfläche eine mit einem Deckel verschlossene Urne, die bis zum Rande mit Münzen, Schmucksachen und zerhacktem Silber aller Art gefüllt war. [...] Es waren über 2 000 ganze und unzählige zerhackte Silberstücke von Kaisern, Königen, Fürsten, Erzbischöfen und Städten [...] Die älteste Münze war eine des römischen Kaisers Antoninus Pius aus dem Jahre 150, die jüngsten stammten aus der Zeit vor Kaiser Konrad II. [...] So ist anzunehmen, daß der Schatz bald, nachdem Konrad Kaiser geworden war, d. h. bald nach dem Jahre 1025, vergraben worden ist. Wer ihn vergrub, aus welcher Angst und Furcht er es tat und warum er später sein Eigentum nicht wieder an sich nahm, wer kann das wissen? Unter den vielen Schmucksachen, die in der Urne lagen, fanden sich prächtige Hals- und Armringe, Fingerringe, Schläfenringe und unzählige Bruchstücke aller Art. Auch acht kleinere goldene Perlen waren dabei und ein silberner Hahn, der jedenfalls nach dem Glauben der Wenden den Schatz bewachen sollte, was er ja auch fast ein Jahrtausend lang getreulich besorgt hat.«

Viele pommersche Dörfer wurden bereits in der Wendenzeit gegründet. Doch die Stammesgruppen der Wenden waren noch nicht zu einem in sich geschlossenen Feudalstaat vereinigt. Auch eine eigene Münzprägung kam über Anfänge nicht hinaus. Am bekanntesten waren die in den slawischen Ländern weit verbreiteten »Wendenpfennige«, die in bedeutenden Orten wie Wollin geschlagen wurden, das wahrscheinlich der sagenhaften versunkenen Stadt Vineta entsprach. Im allgemeinen wurde mit abgewogenem Edelmetall bezahlt, z. B. für ein Pferd 150 bis 300, eine Sklavin 200 und einen Sklaven 300 Gramm Silber.

Im 12. und beginnenden 13. Jahrhundert hatten sich die Klassengegensätze zwischen Adel und Bauernschaft in den deutschen »Altsiedelgebieten« verschärft. Es kam zur Abwanderung von Bauern aus Flandern, Friesland, Westfalen und Sachsen in die wendischen Gebiete. Später zogen Adels-, Bürger- und Bauernfamilien aus Mecklenburg, Brandenburg und den Hansestädten der südlichen Ostseeküste in die neuen ostdeutschen Landesteile. Die wendische Bevölkerung war zur Anpassung (»Assimilation«) gezwungen, zumal die Zuwanderer über eine überlegene Produktionsweise verfügten: die Dreifelderwirtschaft, den Pflug mit eisernem Schar, die Melioration (Ent- und Bewässerung).

Auch das Dorf Krien war ursprünglich eine wendische Siedlung. Der Ortsname bedeutet »Quelle«. Nahe der Kriener Kirche befand sich ein altslawischer Burgwall. Kusch verweist darauf, daß an der Stelle der Kriener Kirche mit großer Wahrscheinlichkeit ursprünglich eine heidnische Opferstätte war. Bei der Christianisierung der Wenden wurde der heidnische Opferstein dann ein christliches Weihwasserbecken.

Unter dem knospenden Kreuz hatte die alte Götzendarstellung ihre Macht verloren. Fruchtbar würde der neue Glaube wachsen, das alte Götzenbild in Vergessenheit geraten lassen. Die alten heidnischen Götter wurden zu Dämonen: So zeigen mittelalterliche Gewölbemalereien in Bellin einen hahnenköpfigen Teufel.

Ei und Hahn spielten im Brauchtum bis auf den heutigen Tag eine große Rolle, so bei den Sorben und beim Eisenacher Sommergewinn. –

Alten Berichten über die Christianisierung der Pommern kann man entnehmen, daß in den Kirchen mitunter mehr oder weniger geheim ein zweiter Altar für die alten Götter aufgestellt wurde. Darauf verweist Günther Ott und zitiert einen Biographen des Missionsbischofs Otto von Bamberg: »Fortan opferte man auf dem einen Altar Gott, auf dem anderen den Dämonen und gehorchte beiden mit gleichem Eifer.« Dieses Nebeneinander von Gottesdienst und Götzenverehrung wurde wahrscheinlich für die Christen mehr und mehr zum Ärgernis. Und so wurde der Kriener Bildstein begraben. Auf diese Weise verschwand das alte heidnische Hahnenbildnis, und das knospende Kreuz brauchte nicht zerschlagen zu werden. Das geschah um 1300, als der noch heute bestehende Chorraum der Kriener Kirche erbaut wurde. Der Stein wurde so versenkt, daß er zum Teil unter dem Fundament lag. Der Priester mußte jedesmal über ihn hinwegschreiten, wenn er durch die Priesterpforte den Altarraum betrat.

Staunend betrachten wir das urtümliche Hahnenbildnis, das Walter Kusch als »ein einmaliges Tierbildnis aus vorchristlicher Zeit im nordslawischen Raum« bezeichnete.

Eine Ruine mit vier Rundtürmen
Die Geschichte der Pommernburg Landskron

»Maikäfer fliege!
Dein Vater ist im Kriege;
deine Mutter ist in Pommerland;
Pommerland ist abgebrannt!«

Der traurig hintergründige Kinderreim wird lebendig, wenn wir die Ruine von Burg Landskron im Kreis Anklam besuchen. Die Ruine mit ihren vier Rundtürmen wirkt in ihrer Gesamtanlage erstaunlich groß, und der Besucher ist zunächst enttäuscht, weil das alte Gemäuer wie ein ausgebranntes Hotel aussieht. Wuchtige Konglomerate aus Feld- und Backsteinen, kein künstlerisch gestalteter Sandstein! Und doch wirkt das alte Mauerwerk romantisch zusammen mit dem schönen Baumbestand des gut erhaltenen Burggrabens und mit den herrlichen Kastanien- und Eichenalleen, die von Janow zur Burg emporführen.

»Pommerland ist abgebrannt!« Die Backsteine der Burgen und Schlösser in unserer Heimat waren anfällig gegenüber der Witterung und sind oft spurlos vom Erdboden verschwunden. Auch die Grafen- und Fürstengeschlechter sind meist der Vergessenheit anheimgefallen. Wer gedenkt noch der pommerschen Herzöge, die in Pudagla, Eldena, Wolgast und anderswo begraben sind? Es waren nicht weniger als 10 Wartislawe, 14 Bogislawe, 12 Barnime und 9 Kasimire.

Die Schwerins sind eines der ältesten Grafengeschlechter Pommerns gewesen. Sie zählten im 17. Jahrhundert etwa 24 Linien und waren auch über Mecklenburg, Brandenburg, Polen und Schweden verstreut. Die Namen der Burgen und Geschlechter sind uns heute »wie in leere Luft gehaucht«.

Burg Landskron lag an der Grenze zwischen Pommern und Mecklenburg und wurde 1576 von einem Ulrich von Schwerin erbaut. Bereits der Name »Landskron« oder »Landeskron« wird von der Sage angezweifelt. Der Pommernherzog soll mit dem stolzen Namen der Burg nicht einverstanden gewesen sein. Daraufhin habe Ulrich von Schwerin sie »Lanzkron« genannt, weil er die Mittel zur Erbauung der Burg durch seinen Dienst mit der Lanze erworben habe. Er hatte dem Herzog von Mecklenburg Kriegsdienste geleistet.

Die Burg erhebt sich auf einem inselartigen festen Grund inmitten sumpfiger Wiesen. Über eine Zugbrücke – der Sage nach aus Kupfer – gelangte man in den äußeren Burghof mit Burgkapelle, Knappenhaus und Pferdestall.

Eine zweite Zugbrücke führte zum Hauptgebäude der Burg mit dem Remter und zahlreichen Gemächern. Der Hufschlag der Pferde habe auf der Kupferbrücke »wie Donner meilenweit ins Land« geklungen. Drohte der Burg die Gefahr der Belagerung, wurde das Wasser im Burggraben aufgestaut.

Burg Landskron verlor im Dreißigjährigen Krieg seine Bedeutung. Die Dörfer rings um Landskron gingen in Flammen auf. Das Dorf Damerow verschwand völlig vom Erdboden, auch die Janower Kirche wurde ein Raub der Flammen. Den Ehemännern der Enkelinnen des Ulrich von Schwerin wird schlechte Wirtschaftsführung nachgesagt. Schließlich fehlten die Mittel, die große Burg zu erhalten. Ihr letzter Besitzer war Oberstleutnant Philipp Julius von

Schwerin. Er verlegte 1699 seinen Wohnsitz nach Rehberg in ein bescheidenes kleines Haus.

Die Burg war nun dem Verfall preisgegeben. Zu Beginn unseres Jahrhunderts wurden – wie Marie von Schwerin-Janow berichtete – im Burghof alljährlich kirchliche Missionsfeste durchgeführt. Heute trifft man häufig Zeltler auf Burg Landskron.

Die beiden berühmtesten Schwerins waren der 1684 in Löwitz bei Anklam geborene preußische Feldmarschall Kurt Christoph Graf von Schwerin, die wohl populärste Gestalt des Siebenjährigen Krieges, und der liberale Politiker Maximilian Graf von Schwerin-Putzar, der 1804 in Boldekow bei Anklam geboren wurde. Er war vom 19. März bis zum 15. Juni 1848 preußischer Kultusminister gewesen und dann unter dem Druck der Reaktion zusammen mit den anderen Ministern zurückgetreten. An ihn schrieb Ernst Moritz Arndt 1852: »Lob? Sie haben es wohl verdient, der Sie ausharren in Arbeit und Hoffnung, da die meisten matt werden und sich auf das Eselslager werfen wollen. Man soll doch nicht ablassen und vertrauen, wenn auch das meiste im Winde mit aller Spreu zu verfliegen scheint, daß hie und da ein gestreutes Samenkorn lebendig bleiben und zu seiner Zeit wieder aufgehen wird. Sie sind ein solcher Sämann, der nicht müd wird, wenn auch viele nur recht absichtlich alles in die Dornen und Disteln zu werfen und man mögte fast sagen, junkerisches Eselfutter zu schaffen suchen.«

In Neuendorf B steht ein schönes altes Haus mit zwei hohen Lindenbäumen. Es ist der Gasthof »Zur Linde«. Hier bewirten Lindenwirt und Lindenwirtin Rost vorzüglich die Gäste. Die Familie Rost ist nachweislich seit 1744 hier ansässig.

1982 hatte Neuendorf B Achthundertjahrfeier. Das nahegelegene Janow machte durch die Ausgrabung eines germanischen Urnengrabes aus dem 2. Jahrhundert auf sich aufmerksam. Und die schönen Pferde in den weiten Koppeln bei Janow und Neuendorf B gehören zur Außenstelle des Redefiner Gestütes.

Seltener Barockbau in reizvoller Landschaft

1727 erfolgte die Grundsteinlegung der Pustower Kapelle/ Erinnerung an E. L. von Scheelen

Die von Scheelen waren ein weitverzweigtes Geschlecht. Ernst Moritz Arndt prangerte in seinen Lebenserinnerungen die »Hartherzigkeit oder Habsucht unbarmherziger oder verschuldeter Herren« gegenüber Leibeigenen an, aber zu den »Milden und Frommen des Adels« rechnete Arndt einen »alten, würdigen Herrn von Scheelen«. In Pustow bei Loitz erinnern Inschriften in der kunsthistorisch bedeutsamen Gutskapelle an Ernst Ludwig von Scheelen. Er starb am 30. April 1745 im Alter von 64 Jahren, hat es sich aber wohl nich träumen lassen, daß sein Leib ziemlich unversehrt in der von ihm erbauten Familiengruft bis in unsere Zeit überdauern würde... Mumien wurden auch die Körper der nachfolgenden Besitzer und ihrer Angehörigen. Zu ihnen gehören der 1788 geborene schwedische Major Joachim von Braun und der Baron Dietrich von Braun, der einen Großteil seines Besitzes in den Spielkasinos von Monte Carlo, Zoppot und Baden-Baden verspielte. 1936 ging der Besitz unter Philipp von Braun in bürgerliche Hände über. Immerhin gehörten zu diesem Besitz 300 Hektar Wald.

1727 war auf Veranlassung Ernst Ludwig von Scheelens die Grundsteinlegung der Pustower Kapelle erfolgt, 1731 der Turmbau, 1735 der Abschluß des Kapellenbaus und 1737 die Einweihung.

Diese Kapelle ist ein in Pommern außerordentlich seltener Barockbau mit Krypta. Den Grundriß bildete ein Achteck. Am Gesamtbau der Gutskapelle imponiert ein prachtvoll gegliedertes Turmdach, gekrönt von der barocken Haube.

Pastor Patzer aus Sassen erklärte uns das Innere der Kapelle: das hölzerne Spiegelgewölbe, den 1735 geschaffenen Kanzelaltar von Carl Friedrich Wöhrenhof und die reichen Holzschnitzereien, deren

Blumen- und Rankenmotive dem ausgereiften Barock zuzuordnen sind.

Gegenüber der Kanzel findet sich das von einem unbekannten Künstler angefertigte Grabmal für Ernst Ludwig von Scheelen, dessen lebensgroßes Medaillonbild aus Marmor in Holzschnitzereien eingebettet ist. Wir sehen Saturn (Kronos), Wappen, militärische Insignien und Siegeszeichen.

Zur Ausstattung der Kirche gehören ein holländischer Kronleuchter von 1591, eine Kollektenschale von 1741, ein Klingelbeutel von 1736 und die Taufschale von 1975. Wertvollster Gegenstand ist zweifellos das Altarbild (um 1735), eine Darstellung des Heiligen Abendmahls. Die Orgel wurde inzwischen von der Friedenskirche in Stralsund übernommen.

In die Krypta (Gruft) gelangen wir von außen her durch eine schwere Eisentür. Der dunkle Raum ist flach, aber geräumig. Die ständige Luftzirkulation hat die Mumifizierung der Toten in ihren prächtigen Eichensärgen bewirkt. Manche Särge haben kleine Glasfenster. Dr. Buhrow, ein Regionalforscher und Dozent der Greifswalder Ernst-Moritz-Arndt-Universität, nennt sie »Schneewittchensärge«. Manche Mumien erinnern an Puppen oder Statuen. Wir sehen Uniformreste, Stulpenstiefel, zierliche Frauenschuhe, faltenreiche Frauengewänder mit Spitzen...

Auf einem Frauensarg steht in getriebenen Metallbuchstaben: »Dir hat, Wohlseelige, niemals Geduld gefehlet / des Kreuzes große Zahl hat Gott allein gezählet / dem dientest du getreu, bliebst stets dem Hochmut feind / Affekten ließest du mitnichten ihren Zügel / der Armut gabst du gern, du warst ein Tugendspiegel / was Wunder, wenn dich jetzt die halbe Welt beweint.«

Die Pustower Glocke, gerettet vom Hamburger Glockenfriedhof und nach 1945 in Apolda geschweißt, trägt die Inschrift: »Wenn durch diesen Glockenschlag uns die letzte Ehr geschehen, folgt die himmlische Musik, welche ewig schön wird gehen.« Und: »Jesu mache uns bereit, wasche uns von allen Sünden, Jesu hilf aus aller Not, hilf uns überwinden.« Neben den Stifternamen steht die Herkunft der Glocke: »Goß mich Joachim Metzger in Stralsund 1735.«

Die Landschaft um Pustow und Damerow, die Damerower

Heide, ist reizvoll und idyllisch. Dem schwedischen Major Ernst Ludwig von Scheelen gehörten einst die Dörfer Pustow, Vierow, Böken, Damerow und Rothemühl. Pustow wurde bereits 1250 als Villa Budistow erwähnt. Der Dreißigjährige Krieg verschonte auch das Land an der Schwinge nicht. Die letzte Schlacht in dieser Gegend soll am Trompeterberg geschlagen worden sein: Der Trompeter blies, die Kaiserlichen zogen in Richtung Vorbein ab, und die Schweden blieben. In diesem langen Krieg soll die Kapelle in Vierow – Vorgängerin der Pustower Kapelle – zerstört worden sein.

Leider konnte die Pustower Kapelle trotz umfangreicher publizistischer Bemühungen nicht vor dem weiteren Verfall bewahrt bleiben.

Ich hatte zwölf Zeitungsartikel für die Kapelle veröffentlicht, eine Audienz bei Bischof Dr. Gienke gehabt, einen Bittgang zu dessen Frau unternommen und eine Kette von Eingaben geschrieben, bis hinauf in das Kulturministerium der DDR und das Büro Hager beim Zentralkomitee der SED. Die Adresse von Kurt Hager, Chefideologe der SED, galt damals als Geheimtip zur Hilfe in besonders schwierigen Situationen. Die Kapelle war – sogar mit zwei Abbildungen – im Standardwerk »Die Bau- und Kunstdenkmale in der DDR« von 1982 erwähnt. Aber das einmalige Denkmal pommerschen Barocks blieb »abgeschrieben«, von der Evangelischen Landeskirche Greifswald und von den »staatlichen Organen«. Viele Menschen hatten mich zu den Zeitungsarbeiten ermuntert, und prächtige Fotos waren unter schwierigen Bedingungen entstanden. Die Kraft von Wort und Bild vermag im Endeffekt wenig in einer verkrusteten Gesellschaft.

Ein letztes größeres Konsil über das Schicksal der sterbenden Kapelle fand am 22. August 1985 vor Ort statt. Die Kapelle wurde nicht mehr für gottesdienstliche Zwecke genutzt, aber die Evangelische Landeskirche Greifswald blieb ihr Rechtsträger und stimmte einer »neuen gesellschaftlichen Nutzung« als Baudenkmal, Kleine Galerie und für Musikveranstaltungen der »kleinen Form« zu. Doch vom Rat des Kreises Demmin gab es als Soforthilfe lediglich 1 000 Mark – zum Zumauern der Kapellenfenster, und das

»dschungelartig wuchernde Großgrün um die Kapelle« sollte gelichtet werden.

So stand es im Protokoll vom 27. 8. 85. Auf diesem Papier war auch die Bildung einer Interessengemeinschaft für die Kapelle beschlossen. Doch da eine echte finanzielle Basis fehlte, war das ganze hochgelehrte Consilium letztlich nur die Bestätigung des längst ausgesprochenen Todesurteils für die Kapelle und ein Ohnmachtszeugnis für die Presse.

Ich erinnere mich und krame in alten Notizen.

Wir stehen wie eine Trauergesellschaft in der zerbröckelnden Kapelle, die zehn Jahre zuvor noch integer und ein wahres Kleinod war. Nun stäubt Mörtel unter unseren Füßen, verschwunden sind die Fußbodenplatten aus Gotlandsandstein, und es ist düster und muffig in dem zugigen Raum, draußen parken die Autos, zu denen auch ein Kleinbus B 1000 gehört, der die Genossen aus der Kreisstadt Demmin brachte. Erschienen sind Vertreter des Rates des Kreises, der Kreisplankommission, des Kreisbauamtes, der Abteilung Inneres, des Denkmalschutzes und der Evangelischen Landeskirche Greifswald. Erschienen sind auch Bürger, die Freizeit-Bauernhöfe in der Damerower Heide haben: Mathematik-Dozent Dr. Joachim Buhrow und Ehefrau sowie der Kinderarzt Dr. Hinrich Ballke und Ehefrau. Beide Ehefrauen sind Lehrerinnen.

Über diese Bürger heißt es im Protokoll: »Ärzte, aus der nur 15 km entfernten Universitätsstadt Greifswald, die in der Pustower Erholungslandschaft Bungalows besitzen, haben in kulturpolitischer Verantwortung und vorbildlicher Bürgerinitiative sich tatkräftig um die Sicherung, Instandsetzung und neue gesellschaftliche Nutzung der Kapelle bemüht. In der Beratung erklärte sich Herr Dr. Buhrow bereit, 1 000 M für die Restaurierung der Kapelle zu spenden.«

Dozent Dr. Buhrow spricht es aus, und Erregung klingt in seiner Stimme: Wie können wir vor unseren Enkeln bestehen, wenn es immer nur heißt, wir haben nicht, wir können nicht… Schließlich wurden auch die ägyptischen Pyramiden der Nachwelt erhalten…

Frau Ballke schlägt vor, die Kapelle mit einer Kunststoff-Folie provisorisch zu sichern…

Die Gegenargumente sind »schlagkräftig«: Noch haben viele

Bürger von Loitz Plumpsklosetts. Es gibt keine Baukapazität, denn die Demminer Maurer bauen den Bahnhof Berlin-Marzahn. Und ein Filmregisseur aus Westdeutschland, der einmal diese östliche Region als Gast bereiste, habe sehr originell festgestellt, mit dem Feudalismus verschwänden dessen Spuren.

Im Protokoll wird vermerkt: »Die Einbrüche in die Kapelle und ihre Krypta stellen schwere Verstöße gegen das Kulturgutschutzgesetz vom 3. Juli 1980 dar.« Tatsächlich war bereits einer Mumie der Kopf entwendet worden, und es gab häßliche Geschichten von abgeschnittenen Fingern, um Ringe zu stehlen…

Nicht ohne Häme schließt das Protokoll: »Die Betriebe als Zentren der Arbeiterklasse sollten zumindest ein offenes Ohr für die von der Partei der Arbeiterklasse beschlossene Kulturpolitik haben.« Das zielte auf den Volkseigenen Betrieb Kühlautomat Berlin, Segelfliegerdamm 1–45, der das ehemalige Herrenhaus in Pustow 1973 als Kinderferienlager erworben hatte. Die Kapelle aber samt 4 372 Quadratmeter Gelände (Friedhof) waren vom letzten Besitzer der Landeskirche übereignet worden. Dieser letzte Besitzer, Bauer Teschke, war nicht enteignet worden, weil er in der Nazizeit holländischen Fremdarbeitern geholfen hatte.

Die Doktoren Buhrow und Ballke machten sich noch einmal um die hübsche kleine Barockkapelle in romantischer Landschaft verdient, als sie den Eingang zur Gruft mit Hohlblocksteinen vermauerten. Kameraden der Gesellschaft für Sport und Technik warfen einen Erdwall vor dem Grufteingang mit der schweren, aber nun aufgebrochenen Tür auf. 500 Preolit-Schindeln wurden zwar gekauft und in der Gärtnerei in Zetelvitz eingelagert, aber dann nicht für die Dachhaut der Kapelle verwendet.

Nach Besichtigung vor Ort hatte sich am 27. Oktober 1985 Dachdeckermeister Sack bereit erklärt, diese Arbeit zu übernehmen. Meister Sack arbeitete damals am Greifswalder Dom. Das Pustower Kapellendach wollte er mit seiner Brigade in Wochenendarbeit für etwa 5 000 M reparieren. Das war äußerst billig, und es war ein Angebot aus christlicher und heimatverbundener Gesinnung heraus. Doch auch dieses Geld wurde nicht bewilligt, und Meister Sack erhielt keinen Auftrag für Pustow. Vorrang hatten die Arbeiten am

Greifswalder Dom, und überdies stürzte der große Kirchturm in Pasewalk ein.

Lyrischer Gedächtnissermon für den Pustower Großvater

Universitätsdozent Dr. J. Buhrow hat zwei interessante Drucke entdeckt, die dem Ableben des Ernst Ludwig von Scheelen gewidmet sind.

Der Titel des einen Druckes lautet »Betrachtung über die höchstnöthige Todesbereitung mit welcher bey dem im 1745sten Jahre erfolgten seeligen Absterben des weiland Hochwolgebornen Herrn Ernst Ludwig von Scheelen Erb- und Lehn-Gesessenen auf Pustow, Virow, Trissow usw. usw. Sr. Königl. Majestät von Schweden bestaltgewesenen Majors bey der Cavallerie seine schuldige Pflicht an den Tag legen wollte / ein dem Hochadlichen Hause verbundenster Diener Carl Friedrich Göde.«

Dem Menschen ist die Todesvorbereitung nötig, »damit er nicht wie ein umgehauener Baum auf eine unglückliche Seite hinschlägt und liegen bleibt«. Der Verstorbene habe vor seinem Tod »viele Stunden in der Einsamkeit mit Gebet vor Gott zugebracht« und »mit den beweglichsten Seufzern zu Jesu und seiner Erbarmung geflehet«.

Der andere Druck ist eine gereimte Wechselrede zu Ehren des Verstorbenen. Auf der Titelseite lesen wir die Namen der acht Enkelkinder, die sie vorgetragen haben. Den Solodeklamationen – Enkel Wilhelm hatte deren vier – folgte eine Ode, die von allen acht »Großkindern« gemeinsam gesprochen wurde. In ihr heißt es:

»Gold und Marmor bringen Sorgen
Furcht und Neider auf die Bahn;
In der Gruft lacht jeder Morgen
Hoffnungsvoll den Moder an.«

Beide Schriften wurden in Greifswald bei Hieronymus Johann Struck gedruckt. Ihre Aufmachung ist typographisch elegant und großzügig, ganz im Zeitgeschmack des Barock.

Da liegt der Hund begraben

Die Babylonier sahen in den Hunden die verkörperten Totengeister unbestatteter Gefallener, aber auch Krankheitsdämonen. Bei den Hebräern galt der Hund als unrein, erbärmlich und streunend. Im Talmud wird er als das ärmste aller Tiere bezeichnet oder sogar als Feind des Menschen. Im klassischen Griechenland und Rom wurde der Hund offensichtlich mehr geschätzt. Manche Hunde wurden prunkvoll begraben und mit einem Denkmal geehrt. Ein Hundegrabmal in Rom trägt die Inschrift: »Alles, was wir besaßen an Theia, dem niedlichen Hündlein, / Schließt der Hügel hier ein, Schönheit und liebendes Herz.«

Bei den Inkas wurden die Hunde einbalsamiert. Das bezeugen Ausgrabungen auf dem Totenfeld von Ancon in der Nähe von Lima. Nach dem Glauben der Taulipagindianer sind die Hunde die Totenrichter der Menschen. Die verstorbenen Hundefreunde werden von ihnen in das Paradies geleitet, die Tierquäler jedoch für alle Ewigkeit totgebissen. Der lebende Hund gilt für manchen Indianer wenig, mit dem toten Hund aber stellt er sich gut...

Friedrich II. ließ seine Hunde, es waren Windspiele, im Park von Sanssouci begraben. Die Gräber wurden unter der Statue der »Ruhenden Flora« des französischen Bildhauers F. G. Adam angelegt. Auf Sandsteinplatten waren, wie L. Sternaux berichtet, die Namen der Hunde eingemeißelt: Diane, Amourette, Phyllis, zwei Thisben, zwei Alkmenen und die kleine Lieblingshündin Biche. Immerhin hatten die Bedienten Friedrich des Großen diese Hunde mit »Sie« anreden müssen. Entsprechend luxuriös waren die Hundegräber im Park. Ursprünglich hatte der König diese Stelle seines Parks für das eigene Grabmal reservieren lassen. Er wurde dann aber wie sein Vater Friedrich Wilhelm I. in der Gruft der Potsdamer Garnisonskirche beigesetzt. Napoleon stieg bekanntlich in diese Gruft hinab und nahm dem toten König Friedrich II. den Degen vom Sarg… Die Hundegräber sind längst zerfallen, aber im Zentrum von Berlin steht weiterhin das von Rauch geschaffene Denkmal Friedrichs II. Der König hoch zu Roß ohne Hunde…

Lord Byron ließ seinem Neufundländer Boatswain ein Denkmal mit der Inschrift setzen: »Hier ruht der Leichnam jenes Hundes, der schön war ohne Eitelkeit, stark ohne Trotz, mutig ohne Wildheit.«

Auch der Bernhardiner Barry erhielt ein Denkmal. Er verrichtete Bergrettungsdienst in den Jahren 1800 bis 1812 im Klosterhospiz am Großen St. Bernhard in der Schweiz und war an der Rettung von etwa 40 Menschen beteiligt. Er starb 1814 in Bern, wo er auf Veranlassung des Priors das Gnadenbrot erhalten hatte. Sein Fell wird ausgestopft und dermoplastisch restauriert im Berner Nationalmuseum gezeigt, sein Denkmal steht im Zentrum des Hundefriedhofes auf der Robinsoninsel in der Nähe von Paris.

Egon Erwin Kisch fand auf einem New Yorker Hundefriedhof die Inschrift: »Jack, wie immer seinem Herrn um ein paar Schritte voraus.«

Die Hunde Richard Wagners wurden zu Häupten des großen Komponisten im Garten des Hauses »Wahnfried« in Bayreuth begraben. Einem Hund gilt die Inschrift: »Hier ruht und wacht Wagners Ruß!«

Auch die Gutsbesitzer in Mecklenburg und Pommern ließen mitunter ihren Hunden Grabtafeln errichten. So lesen wir auf einem Hundegrab in Pustow, einst Zentrum feudaler Jagden, daß hier am 11. Mai 1910 ein English Pointer namens Don von der Queen begraben wurde. Seine Grabinschrift ist abstammungsgemäß in englischer Sprache abgefaßt. Neben diesem vornehmen Hundegrab mit den schönen Antiqualettern auf der sanft geneigten grauen Granitplatte finden sich noch einige andere, schlichtere. Vielleicht waren die hier begrabenen Hunde einheimischer Herkunft, da ihnen als Grabmäler nur inschriftlose Feldsteine zuteil wurden. Aber alle Gräber liegen im Dämmer alter Eichen und Buchen nahe dem Friedhof der Menschen im Park hinter dem wappengeschmückten Schlößchen im Reißbrettstil.

Perle der Neugotik in Gützkow bei Greifswald

Laut der pommerschen Genealogien (Geschlechterforschungen) des Greifswalder Bürgermeisters Dr. Carl Gesterding gehörten die von Lepels zum pommerschen Uradel und hatten verwandtschaftliche Beziehungen zu den adligen Geschlechtern Behr, Gloeden, Horn und Thun. Unter den Verwandten findet sich aber auch Karl Rodbertus: Ökonom, Kapitalismuskritiker auf der Spur des Mehrwerts, 1848 Minister in Berlin, dann Gutsbesitzer von Jagetzow, nicht weit von Gützkow.

Zu den politischen Zielen von Karl Rodbertus, dem »Seher von Jagetzow«, gehörte die Abschaffung des Adels, trotz der familiären Bande: Seine Frau war eine geborene von Prillwitz, und Mathilde Rodbertus, seine Schwester, heiratete Franz Heinrich Erich von Lepel, Rittergutsbesitzer auf Wieck bei Gützkow.

Dieses Ehepaar ließ hier 1859 die Gutskapelle, eine Gruftkapelle im neugotischen Stil, erbauen. Die »Neogotik« ist ein Kind des Klassizismus, dessen Hauptvertreter Karl Friedrich Schinkel zwischen 1800 und 1840 in Berlin war. Im 19. Jahrhundert galt in Preußen die Architekturregel: alle Staatsbauten »attisch«, d. h. griechisch, die Kirchen deutsch-gotisch, die Schlösser und Burgen englisch-gotisch.

Diese bauliche Standardisierung fand natürlich Gegner. Man sprach vom »Geheimratsstil« und von »Reißbrettgotik«, und Heinrich Heine nannte die Hinwendung zum Mittelalter »Gamaschenrittertum«. Doch in der Kirchenbaukunst hatte sich der Rückgriff auf die Gotik organisch durch die Restaurierungsarbeiten und den Bauabschluß unvollendeter mittelalterlicher Kirchen ergeben. Und Schinkel schwärmte, malte und vor allem: b a u t e gotisch. Berühmte Kirchenbauten zeugen davon. Sie stehen kunsthistorisch gleichwertig neben seinen griechisch-klassizistischen Staatbauten.

Die Gützower Kapelle imponiert durch Harmonie und zierlichmaßvolle Schlichtheit. Ihr Baumeister war ein Schüler der Schinkelschen Schule: Richard Lucae (1829–77), Königlicher Baumeister und Direktor der Bauakademie Berlin.

Die Gutskapelle enthielt unter dem Andachtsraum die Gruft der Familie von Lepel. 1945 wurden die hier beigesetzten Toten auf den Friedhof verlegt, der sich für die übrigen Gutsbewohner unmittelbar an die Kapelle anschloß. Die alten Särge wurden damals wiederverwendet. Standesschranken waren gefallen. Das weitere Schicksal der Kapelle: einige Jahre Nutzung durch das Feierabendheim im ehemaligen Schloß, Baufälligkeit, 1982 Denkmalschutz und Restaurierung mit Dachreparatur und neuer bunter Bleiverglasung. 1988 steht noch ein Baugerüst.

Architektur und Lyrik haben Wechselwirkungen. Bernhard von Lepel (1818–85) verlebte seine frühe Kindheit auf dem väterlichen Landgut auf Rügen. Als er vier Jahre alt war, starb seine Mutter, und er wurde zur weiteren Erziehung einem Landpfarrer übergeben. 1828 durfte er mit seinem Vater nach Rom reisen, wo sein Onkel Adjutant des Prinzen Heinrich von Preußen war. Er wird – kein untypisches preußisches Schicksal – Soldat und Lyriker. 1839 gründete er einen literarischen Verein, dem auch Fontane beitrat. Später wurde er Mitglied des einflußreichen Berliner Dichtervereins »Tunnel über der Spree«, der 1827 vom Journalisten und Satiriker Moritz Gottlieb Saphir gegründet worden war und dem wiederum Fontane angehörte. Von Lepels Drama »König Herodes« wurde 1857 in Berlin aufgeführt. Er schrieb Gedichte wie die Ode »An Humboldt«. Und in dem vielstrophigen Gedicht »Hinaus!« heißt es: »Kraft der goldnen Phantasie / Reiß' ich nun mich los, / Thue Wunder und entflieh', / Leiden, eurem Schoß.«

Vielleicht war es ein Stück Rügenerinnerung, wenn er schrieb: »Wieder nach dem Eiland dort / Steur' ich durch das Meer, / Schon begrüßt der bunte Port / Meine Wiederkehr.«

Bernhard von Lepel starb als Major a. D. in Prenzlau, wo er »Chef der Provinzial-Invalidenkompanie« war.

Die neogotische Kapelle in Gützkow bei Greifswald ist ein lebendiger Beweis dafür, daß es durchaus möglich ist, auch kleinere kunsthistorisch und regionalgeschichtlich wichtige Objekte der Nachwelt zu erhalten.

Von der Schwedenzeit zur Arbeiterbewegung Die ersten vier Demminer Kolloquien zur Geschichte Vorpommerns

Pommern – Sorgenkind und Sicherheitsfaktor für die Krone Schwedens

Am 8. Juli 1985 beging der Kulturbund der DDR den 40. Jahrestag seiner Gründung. Diesem Anlaß galt auch das 1. Demminer Kolloquium zur Geschichte Vorpommerns am 6. 7. 85, durchgeführt von der Interessengemeinschaft für Heimatgeschichte im Kulturbund. Die Veranstaltung wurde von Historikern, Pädagogen, Ortschronisten und geschichtlich interessierten Laien besucht. Initiatoren waren Oberlehrer Heinz-Gerhard Quadt aus Demmin und Lehrer Henning Rischer aus Loitz.

H.-G. Quadt unterstrich in seiner Begrüßungsansprache die Notwendigkeit eines lebendigen Geschichtsbewußtseins. Bekanntlich sei in Vorpommern die historische Entwicklung anders gewesen als in Mecklenburg. Wichtige Entwicklungsprozesse seien ohne den territorialstaatlichen Faktor oft gar nicht voll verständlich.

Pommern war immer wieder Zankapfel und Beute benachbarter Großmächte. 1184 bis 1214 kämpften die Dänen und Polen um die Vorherrschaft in Pommern. Später griff Brandenburg nach dem Land an der Ostsee.

1184 war der Pommernherzog Bogislaw I., seit 1181 deutscher Reichsfürst, im Seekampf in der Greifswalder Bucht vom dänischen Lehnsfürsten Jaromar von Rügen geschlagen worden. Er hatte dem dänischen König Knut den Lehnseid schwören müssen. Barnim I. – er starb 1278 – befreite sich von der dänischen Lehnshoheit und geriet dafür in die des Markgrafen von Brandenburg. Er mußte die Uckermark an diesen abtreten. Grenzkriege hatte es seit frühester Zeit gegeben. So war Pasewalk 1136 brandenburgisch, und 1160, 1170 und 1187 gehörte es zu Pommern. 1308 wurde Kammin durch die Brandenburger zerstört. 1332 erlitten die Brandenburger in der Schlacht am Kremmer Damm eine Niederlage.

1338 mußte Brandenburg auf die Lehnshoheit über Pommern verzichten und erhielt als Gegenleistung das Erbrecht.

1295 war erstmals die Teilung des Herzogtums Pommern in Pommern-Wolgast und Pommern-Stettin erfolgt. 1464 starb die Linie Pommern-Stettin aus. Brandenburg und Pommern-Wolgast bestanden beide auf ihrem Erbrecht. Ihre kriegerischen Auseinandersetzungen dauerten bis 1469 und brachten Brandenburg lediglich Garz (an der Gabelung der Oder gelegen), Schwedt, Vierraden und Löcknitz ein. Garz fiel 1479 wieder an Pommern. 1529 kam der »brandenburg-pommersche Erbvertrag« von Grimnitz zustande. 1532 erfolgte die erneute Teilung des Herzogtums Pommern in Pommern-Wolgast und Pommern-Stettin, die 1625 unter Bogislaw XIV. aufgehoben wurde.

1571 erfolgte die »Erbverbrüderung« zwischen Brandenburg und Pommern. Im Dreißigjährigen Krieg wurde auch Pommern, ohne sich selbst am Krieg beteiligt zu haben, von Kaiserlichen und Schweden verwüstet. Die Schweden hielten Pommern besetzt. 1637, inmitten der Kriegswirren, erlosch mit dem Tod von Bogislaw XIV. das Geschlecht der Pommernherzöge.

Der brandenburgische Kurfürst Friedrich Wilhelm hatte seit seinem elften Lebensjahr die Auseinandersetzungen Brandenburgs mit Schweden um Pommern erlebt. Er trat 1640 im Alter von 20 Jahren die Regierung an und bewahrte durch einen Waffenstillstand mit Schweden 1641 sein Land vor weiteren Verwüstungen. Er wollte Pommern auf dem Verhandlungsweg gewinnen. Modellvorstellung war ihm dabei das Projekt des schwedischen Reichskanzlers Axel Oxenstierna, der 1635 versucht hatte, seinen Verbündeten Brandenburg vom Beitritt zum Prager Frieden mit dem Kaiser abzuhalten, indem er ganz Pommern als Gegenleistung anbot. Friedrich Wilhelm mißbilligte die Pommernpolitik seines Vaters Georg Wilhelm, der damals diesen Vorschlag abgelehnt und sich so Schweden zum Feind gemacht hatte. Er wählte zunächst eine Strategie des »milden Weges«, d. h., er wollte die Tochter des schwedischen Königs Gustav Adolf, Kristina, heiraten. Das mißlang. Es folgten langwierige Verhandlungen auf dem Westfälischen Friedenskongreß 1648. Kein Ländername ist in den Friedensakten häufiger genannt als der Pommerns. Im Frieden zu Osnabrück 1648 wurde Pommern aufgeteilt: Schweden erhielt Vorpommern samt Rügen. Hinterpommern mit dem Bistum Kammin wurde brandenburgisch. Als Entschädigung für Vorpommern erhielt Friedrich Wilhelm die Territorien der Bistümer Minden und Halberstadt sowie die Anwartschaft auf das Erzbistum Magdeburg, das erst 1680 brandenburgisch wurde. Diese Gebiete grenzten an bisherige Besitzteile Brandenburgs und trugen zu dessen Zentralisierung und Ballung bei.

Doch Kurfürst Friedrich Wilhelm pochte weiter auf sein Erbe Vorpommern mit den bedeutenden Häfen Stettin und Stralsund. Er schrieb: »Sollte man Gewalt wider Uns [...] gebrauchen, so müssen Wir es dem gerechten Gott befehlen, der Uns nicht verlassen, sondern Uns zu seiner Zeit Recht schaffen wird [...]«

Der Kurfürst griff in den schwedisch-polnischen Krieg (1655–60) ein, zunächst, obwohl er, wie K. Vetter betont, mit Polen verbündet war, auf der Seite Schwedens und erlangte so die Aufhebung der polnischen Lehnshoheit über Ostpreußen. Dann trat er auf die Seite Polens und eroberte Vorpommern bis auf Stettin. Das eroberte Land mußte er 1660 beim Friedensschluß zu Oliva (einem Kloster bei Danzig) wieder herausgeben. Frankreich hatte sich für Schweden eingesetzt.

Der in kurkölnischen Diensten stehende Wilhelm Egon von Fürstenberg reiste in geheimer Mission nach Berlin, um den Kurfürsten für das Feldzugsprogramm des französischen Königs Ludwig XIV. zu gewinnen. Der Kurfürst lehnte ab. 1671 verweigerte er sogar die Neutralität gegenüber Frankreich. 1672 trat er auf die Seite der Niederlande gegen Ludwig XIV., schloß aber 1673 einen Sonderfrieden mit ihm, kassierte dafür 800 000 Livres und stellte sich dann wiederum gegen Frankreich, das nun die Schweden veranlaßte, in Brandenburg einzufallen. In der Schlacht von Fehrbellin 1675 wurden die Schweden geschlagen. Friedrich Wilhelm – wegen des Sieges bei Fehrbellin der »Große Kurfürst« genannt – fiel nun in mehreren Feldzügen in Schwedisch-Vorpommern ein. 1677 eroberte er Stettin, 1678 Rügen, mit dänischer Hilfe Stralsund, zuletzt Greifswald. Aber beim Frieden von Saint-Germain (bei Paris) 1679 mußte der Kurfürst die eroberten Gebiete wieder zurückgeben. Er bekam

Schwedisch-Pommern nicht, weil Frankreich seinen Verbündeten Schweden wiederum unterstützte. Noch behielt Schweden das »fette Vorpommern«.

Und der Kurfürst ging dann mit Ludwig XIV. – Frankreich garantierte den Gebietsstand Brandenburgs und wollte jährlich 100 000 Taler zahlen – und erst zuletzt gegen Ludwig XIV., der ungeniert seine Politik der »Réunionen«, der Aneignung deutscher Reichsgebiete, betrieb.

Eigentlich hätte der Kurfürst stets das Heilige Römische Reich deutscher Nation mit aller Kraft schützen müssen. Denn: Die Kurfürstenwürde berechtigte zur Wahl (Kür) des deutschen Königs, der seit 962 einen Rechtsanspruch darauf hatte, vom Papst zum römisch-deutschen Kaiser gekrönt zu werden. Und die Kurfürsten sollten »das Fundament und die Säulen des Reiches« sein. So stand es in der Goldenen Bulle, einem Gesetz von Kaiser Karl IV. aus dem Jahr 1356. Der Kurfürst sah vorrangig die eigenen Lande: Brandenburg, Ostpreußen und als Zwischenstück Pommern, dazu die übrigen, z. T. weit verstreuten Gebiete. Nach dem Frieden von Saint-Germain hatte der Kurfürst eine Gedenkmünze mit dem lateinischen Virgil-Vers »Möge aus meinen Gebeinen ein Rächer erstehen« prägen lassen.

Während des Demminer Kolloquiums gab Joachim Wächter, Diplom-Archivar der Evangelischen Landeskirche Greifswald, einen detaillierten Bericht über die Geschichte Vorpommerns. Ein herausragendes Ereignis des Dreißigjährigen Krieges war die Landung von 11 000 Schweden unter Gustav Adolf am 5. und 6. Juli 1630 bei Peenemünde auf der Insel Usedom. Peter Kiehm, Forschungsstudent der Sektion Geschichte der Greifswalder Universität, sprach über Motive und Hintergründe der Feldzüge des brandenburgischen Kurfürsten in Vorpommern.

Dozent Dr. sc. phil. Jörg-Peter Findeisen von der Karl-Marx-Universität Leipzig untersuchte die ökonomische Situation in Schwedisch-Vorpommern nach 1750. Er gab seinem Vortrag den titel »Zwischen Handwerk und Manufaktur«.

Bei einer Zunahme der Gesamtbevölkerung war ein relativer Rückgang der Landbevölkerung zu verzeichnen. In den Städten kam es zu einer relativen Abnahme der Zahl selbständiger Meister, die Zahl der Lohnarbeiter stieg.

In Vorbereitung auf den schwedischen Reichstag 1764 prüfte die schwedische Regierung auch den ökonomischen Zustand ihrer deutschen Provinz. In ihren Berichten klagten die vier Seestädte Stralsund, Wolgast, Greifswald und Barth über den völlig desolaten Zustand des Handels und Gewerbes.

Trotzdem kam es durch die Ausbeutung der Lohnarbeiter zu einer Akkumulation (Anhäufung) großer Geldvermögen. So profitierten einige größere Handelshäuser während des amerikanischen Unabhängigkeitskrieges und der russisch- schwedischen Kampfhandlungen im Nordischen Krieg. Allmählich vollzog sich der Übergang zum Kapitalismus. Im Gegensatz zu anderen deutschen Territorien und zum schwedischen Mutterland verblieben jedoch die meisten Unternehmen »in einem Übergangsstadium vom zünftlerisch geregelten Gewerbe zur manufakturellen Großproduktion«. Größere kapitalistische Projekte scheiterten an den besonderen gesellschaftlichen Verhältnissen Schwedisch-Vorpommerns. Es bestand eine enge Verflechtung des Adels mit dem reichen Handelsbürgertum. Durch den schwedischen König Karl XII. war der Stralsunder Magistrat geadelt worden. Der Holzhändler und Kaufmann Gemeinhardt formulierte, »ein adlichbürgerlicher Magistrat« diene nicht den Interessen der Stralsunder Bürgerschaft.

Die schwedischen Manufakturgesetze galten nicht für Schwedisch-Vorpommern. So blieben Bemühungen der schwedischen Regierung, manufakturkapitalistische Unternehmen in Schwedisch-Vorpommern zu fördern, oft erfolglos. Vorpommern war für Schweden ein Sorgenkind, eine Belastung des Staatshaushalts.

J. Wächter betonte, daß die schwedische Krone allerdings auch stark an einem Sitz im deutschen Reichstag interessiert war. Schweden hatte ein Mitsprache- und Vetorecht in den Angelegenheiten des Heiligen Römischen Reiches deutscher Nation, einen zusätzlichen Sicherheitsfaktor für seine Außenpolitik.

Dr. phil. Rolf Rodigast, Universitätsbibliothek Greifswald, analysierte die Agrarpolitik in Schwedisch-Vorpommern am Beispiel Greifswalds.

Haupterwerbszweig Schwedisch-Vorpommerns war die Landwirtschaft, und in der Agrarpolitik bestand eine latente Auseinandersetzung zwischen der schwedischen Regierung und den Landständen Vorpommerns. Im Mittelpunkt der Auseinandersetzungen stand das Bauernlegen, d. h. die willkürliche Vertreibung der Bauern von Haus und Hof. Schwedische Reformpolitiker traten gegen diese reaktionären Praktiken auf. Juristische Grundlage der reaktionären Politik war die »Pommersche Bauern- und Schäferordnung« von 1616. In ihr heißt es: »Die Bauern sind in unserem Herzogtum [...] Leibeigene. Demgemäß gehören die Hufen, Äcker, Wiesen usw. einzig und allein der Herrschaft [...] und die Bauern haben keinerlei Nutzungsrecht auf sie, selbst wenn sie oder ihre Vorfahren die Hufe über 50, 60, auch wohl 100 Jahre bewohnt haben.«

In der Erklärung von 1796 an die schwedische Regierung versuchten die pommerschen Landstände das Bauernlegen zu rechtfertigen: »Ist der Bauer [...] versichert, daß die Herrschaft das Wesen nicht legen könne, so dürfte er bald in seiner Arbeit faul und sorglos werden [...]«

Die Greifswalder Grundherrschaft – sie besaß immerhin 31 Ortschaften bzw. 13 000 Hektar Land – wandte sich an der Seite des pommerschen Adels gegen die Pläne der schwedischen Reformpolitiker. Erst 1806 hob der schwedische König Gustav IV. Adolf die Leibeigenschaft in Schwedisch-Vorpommern auf. Im gleichen Jahr erschien die Verordnung zur Aufteilung der Domänengüter in »Farms und Parcellen«. Später wurde der nicht minder reaktionäre »preußische Weg« in der Agrarpolitik beschritten. Die feudale Grundherrenklasse verwandelte sich durch Reformen in eine Klasse von kapitalistischen Großgrundbesitzern, während beim »amerikanischen Weg« die revolutionäre Beseitigung der feudalen Verhältnisse zugunsten einer ungehemmten Entwicklung des Kapitalismus erfolgte (W. I. Lenin). Beim preußischen Weg entwickelte sich der Kapitalismus in der Landwirtschaft gehemmt und deformiert durch feudale Überreste in den Eigentums- und Ausbeutungsformen.

Bernd Jordan, Lehrer für Deutsch und Geschichte in Lassan, sprach über Johann Joachim Spalding, einen Vertreter der Aufklärung in Pommern.

Spalding, ein namhafter protestantischer Theologe, wurde 1714 in Tribsees in Schwedisch-Vorpommern geboren, studierte in Greifswald und Rostock, war Hauslehrer auf Gütern, Sekretär bei schwedischen Gesandten in Berlin, Prediger in Lassan und Barth, seit 1764 Propst an der Nikolaikirche in Berlin, später auch Oberkonsistorialrat, bis ihn 1788 das preußische Religionsedikt veranlaßte, seine Stelle niederzulegen. Er starb 1804 in Berlin. Zu den Freunden und Bekannten Spaldings gehörten Gleim, Ewald von Kleist, Gottsched und Christoph Friedrich Nicolai. In seine Barther Zeit fällt ein neunmonatiger Besuch Lavaters. Die wichtigsten Schriften Spaldings aus seiner pommerschen Zeit sind: »Die Bestimmung des Menschen« (1748), »Gedanken über den Wert der Gefühle im Christentum« (1761). In Berlin wurden Spaldings Predigten von der Königin, der Gemahlin Friedrichs II., sehr geschätzt. Der König selbst aber lehnte Spaldings Aufnahme in die Berliner Akademie der Wissenschaften ab.

Vorpommerscher Gutsbesitzer und ehemaliger preußischer Minister unter Polizeiaufsicht: Karl Rodbertus

STIPPVISITE IN JAGETZOW

An einem sonnigen Herbsttag sitzen wir in der Gaststätte in Jagetzow bei Demmin. Die Gaststätte ist im ehemaligen Gutshaus untergebracht. Vorhin hat uns die Wirtin, Frau Schulz, den engen Keller unter der Theke gezeigt, in dem sich zwei Sitznischen mit eisernen Ösen befinden. Hier wurden in feudalistischer Zeit nach Meinung der Jagetzower Gefangene angekettet. Es sind die Reste eines Verlieses, in dem vielleicht Leibeigene willkürlich bestraft wurden. Die feudalistische Gesellschaftsordnung ist vergangen, und ein Mann, der sie in seinen Schriften und als Parlamentarier bekämpfte, wohnte hier seit 1836 als Gutsbesitzer...

Zwei gleichartig gestaltete Grabsteine aus rotem Granit, die die Gräber des Ehepaares Rodbertus zieren, finden wir im ehemaligen

Gutspark. Jenen berühmten Ökonomen, der als Karl Rodbertus-Jagetzow in die Literatur eingegangen ist, nennt der Grabstein »Dr. Johann Carl Rodbertus«. Wir lesen, daß er »Königl[ich] Preuss[ischer] Staatsminister und Generallandschaftsrath bei der Pommerschen Landschaft« war und vom 12. 8. 1805 bis zum 6. 12. 1875 lebte.

Karl Rodbertus war der Sohn eines Greifswalder Professors der Rechtswissenschaften und mütterlicherseits der Enkel des physiokratischen Ökonomen August Schlettwein. Das physiokratische System entstand im 18. Jahrhundert in Frankreich und vermittelte die Ansicht, daß der Boden die einzige Quelle des Reichtums eines Landes sei und die Bauern somit die einzige produktive Klasse. Der Großvater väterlicherseits hatte in Barth eine Reederei mit zeitweise 40 Segelschiffen.

Karl Rodbertus besuchte das Gymnasium in Friedland bei Neubrandenburg. Viele seiner Lehrer waren ehemalige Lützower Jäger und Burschenschafter, darunter auch der Begründer der Jenenser Burschenschaft.

Rodbertus studierte in Göttingen und Berlin Rechtswissenschaft und begann eine juristische Laufbahn im preußischen Staatsdienst, nahm aber zunächst 1830 für zwei Jahre Urlaub und bereiste Westeuropa. Im revolutionären Frankreich lernte er während dieser Zeit die Ideen der utopischen Sozialisten kennen. Wieder in Deutschland, studierte er Nationalökonomie und erwarb, er hatte geerbt, 1835 das Gut Jagetzow.

Karl Rodbertus sandte 1839 als Privatgelehrter seine Arbeit »Die Forderungen der arbeitenden Classen« an die Augsburger Allgemeine Zeitung. Die Zeitung wies diesen Artikel empört zurück. Die Schrift des vorpommerschen Gutsbesitzers war ihr zu revolutionär. Sie enthielt Anschauungen, die von der utopisch-sozialistischen Position eines Saint-Simon beinflußt waren. Rodbertus erklärte Wirtschaftskrisen aus der Verringerung des Anteils der Arbeiter am Nationaleinkommen. Im Kapitalismus sei der »verhältnismäßige Arbeitslohn« in stetem Sinken begriffen. Rodbertus beschrieb die Aneignung unbezahlter Arbeit durch die Eigentümer von Grund und Boden und von Kapital, die er Grundrente nannte. Karl Marx bescheinigt ihm im ersten Band des »Kapitals«, das Wesen der kapitalistischen Produktion durchschaut zu haben.

1844 war Karl Rodbertus als Abgeordneter des »Anclam'schen Landschaftsdepartements« in eine »Commission zur Umgestaltung der Taxprinzipien [Preisschätzung] der Landschaft« gewählt worden. Mit »Landschaft« bezeichnete man die Landstände, meist Vertretungen der »Ritterschaft«, also des Adels, und der Städte, die auf Landtagen zusammentraten, um über Gesetze und Steuern zu beraten. 1846 veröffentlichte Rodbertus den »Entwurf zu den neuen landschaftlichen Tax-Principien für die Provinz Alt-Pommern«. Es kam zu einer scharfen Kontroverse seitens des Gutsbesitzers von Bülow aus Kummerow, die Rodbertus 1847 mit der Schrift »Die neusten Grundtaxen des Herrn v. Bülow-Cummerow« beantwortete. Rodbertus war Vorsitzender vom »Baltischen Zweigverein für das Wohl der arbeitenden Classen« in Greifswald. Die Tätigkeit dieses Vereins beschränkte sich – und das war ein typisch physiokratischer Zug jener Zeit – auf die ländlichen Arbeiter.

Minister wurde Karl Rodbertus durch den Sieg der Märzrevolution von 1848. Er war als Vertreter des Wahlkreises Usedom-Wollin zum Mitglied des preußischen Provinziallandtags in Berlin gewählt worden. Hier war er Fraktionsführer des damals politisch starken linken Zentrums, stimmte für die Abschaffung des Adels und setzte sich für die Verbesserung der Lage der Volksschullehrer ein. Moritz Wirth, der Biograph von Rodbertus, schreibt, daß dieser das linke Zentrum der preußischen Nationalversammlung zu einer Reformpartei gestaltete und daß »Rodbertus und seine Partei sich Demokraten nannten«.

In Deutschland bestand eine enge Verbindung zwischen herrschendem Bürgertum und dem Adel. Niemals herrschte das Bürgertum allein, der Adel stand stets an seiner Seite oder Spitze. Das war nicht zuletzt eine Folge des »preußischen Weges« in der Landwirtschaft. Kampf gegen den Adel und Kapitalismuskritik waren für Rodbertus eine Einheit. Rodbertus trat für die Beseitigung jenes Eigentums ein, das Rente (Profit) abwirft. Er verglich den Arbeiter im Kapitalismus mit dem Sklaven: »[...] der Hunger ersetzt fast völlig die Peitsche. Was früher Futter hieß, heißt jetzt nur Lohn.«

Karl Marx sah in Rodbertus den kommenden Regierungschef in Preußen, aber nach der Niederschlagung der Revolution in Wien erstarkte auch die Reaktion in Preußen wieder. Vom 26. Juni bis zum 4. Juli 1848 war Rodbertus Minister für Kultur und Unterricht. Dann legte er sein Amt nieder. Am 2. November 1848 wurde der General Friedrich Wilhelm Graf von Brandenburg, der Sohn von König Friedrich Wilhelm II. und Gräfin Dönhoff, mit der Bildung eines neuen Kabinetts beauftragt. Am 9. November verlegte der General die preußische Nationalversammlung in die Provinzstadt Brandenburg, einen Tag danach marschierten 40 000 Soldaten unter General von Wrangel in Berlin ein. Am 5. Dezember oktroyierte (»verordnete zwangsweise«) König Friedrich Wilhelm IV. dem Land eine Verfassung ohne Zustimmung der deutschen Nationalversammlung in Frankfurt. Damit war die Revolution beendet. Die Zweite preußische Kammer wurde am 27. April 1849 aufgelöst. Rodbertus verweigerte jede weitere Tätigkeit als Abgeordneter. Sein Amt als Generallandschaftsrat hatte er bereits am 9. Februar niedergelegt, führte aber formal, wie es damals üblich war, den Titel weiter. Er hatte es selbstverständlich abgelehnt, sich adeln zu lassen. Nach der Einführung des reaktionären Dreiklassenwahlgesetzes in Preußen war er »für die Wahlenthaltung seiner Partei«.

Rodbertus wurde 1849 »als Fremder« aus Berlin ausgewiesen und stand auf seinem Gut Jagetzow jahrelang unter Polizeiaufsicht. Der Landrat von Demmin hatte regelmäßig über diese Überwachung an seine vorgesetzte Dienststelle in Stettin zu berichten. Trotzdem trat Rodbertus in demokratischen Versammlungen in Stralsund auf und veröffentlichte weiter seine Schriften. Er stand mit Ferdinand Lassalle im Briefwechsel, las die sozialdemokratische Presse und hoffte auf eine Kandidatur für die Reichstagswahl von 1873. Die Universität Jena hatte ihm 1871 die Ehrendoktorwürde verliehen.

Karl Rodbertus, den man den »Seher von Jagetzow« nannte, war »nahe daran, dem Mehrwert auf die Spur zu kommen«, jenem Wert, den der Arbeiter über den Wert seiner Arbeitskraft hinaus produziert und den sich der Kapitalist unentgeltlich aneignet. Im Vorwort zum zweiten Buch des zweiten Bandes des »Kapitals« widerlegt Friedrich Engels »die Anklage, als habe Marx ein Plagiat [einen geistigen Diebstahl] an Rodbertus begangen«. Engels verweist darauf, daß trotz aller Vorarbeiten von Rodbertus und anderen »Marx' Mehrwertstheorie wie ein Blitz aus heitrem Himmel eingeschlagen hat«.

Marx hatte 1861 an Lassalle geschrieben: »In Rodbertus' Schrift die Tendenz sehr anzuerkennen. Sonst, was gut darin, nicht neu, und was neu darin, nicht gut.« Diese Schrift von Rodbertus war der dritte der »Socialen Briefe an von Kirchmann« 1851 in Berlin erschienen. Die Tragik der geschichtlichen Entwicklung besteht darin, daß gerade in jenem Jahr in Deutschland die Blütezeit der Reaktion begann. 1862 schrieb Marx an Lassalle: »Was den Rodbertus angeht, so habe ich in meinem ersten Brief an Dich ihn nicht gerecht genug gewürdigt. Es ist wirklich vieles Gute darin. Nur sein Versuch einer neuen Rententheorie ist beinahe kindisch, komisch.«

Die Schriften von Rodbertus sind nicht ohne Einfluß auf führende Sozialisten geblieben. So nannte Rosa Luxemburg den Rodbertus ihren liebsten ökonomischen Schriftsteller. Und August Bebel schrieb 1882 aus dem Gefängnis an Engels: »Rodbertus habe ich so recht erst aus diesen Briefen und Aufsätzen [herausgegeben von Rudolf Meyer, Berlin 1882] kennengelernt. Er steht jedenfalls weit über dem Durchschnitt unserer sogenannten Nationalökonomen. Der Mann hat Kritik und Ideen, aber als konservativer Sozialist kommt er in den stärksten Widerspruch mit sich selbst.«

Auf seinem Gut Jagetzow widerlegte Karl Rodbertus durch Meliorationsmaßnahmen und Düngung das angebliche »Gesetz vom abnehmenden Bodenertrag« des Thomas Robert Malthus. Als tüchtiger praktischer Landwirt stand Rodbertus in einer Reihe mit anderen pommerschen Gutsbesitzern wie Hans Graf von Schwerin-Löwitz und Conrad von Wangenheim, deren Moorkultivierungen den landwirtschaftlichen Fortschritt ihrer Zeit verkörperten. Als Theoretiker fand Rodbertus bei seinen adligen Kollegen kein Verständnis. Seine Grundrententheorie wurde von einer Kommission, der der Gutsbesitzer von Behr-Schmoldow und Prof. Dr. Bekker aus Greifswald angehörten, überprüft und als den Interessen der Grundbesitzer zuwiderlaufend abgelehnt. Zu dieser Kommission gehörte auch der Gutspächter Schumacher-Zarchlin, der die Biographie von

Johann Heinrich von Thünen (1783–1850) schrieb, eines Rodbertus vergleichbaren Agrarwissenschaftlers, der 1806 das pommersche Gut Rubkow bei Anklam gepachtet und 1810 das mecklenburgische Gut Tollow bei Teterow erworben hatte. Rodbertus und der über 20 Jahre ältere von Thünen schätzten einander aufrichtig.

RODBERTUS-EHRUNG IN DEMMIN UND JAGETZOW

Am 19. Oktober 1985 fand das 2. Demminer Kolloquium zur Geschichte Vorpommerns statt. Der Einladung waren etwa siebzig Teilnehmer gefolgt, unter ihnen eine Rodbertus-Urenkelin, Mathilde Engel geborene Schlettwein aus Groß Lüsewitz, wo sich im Schloß das bekannte Institut für Kartoffelforschung befindet. – Der Vormittag war mit Vorträgen im Festsaal des Rates des Kreises Demmin ausgefüllt. H.-G. Quadt, Mitglied des Zentralvorstandes des Kulturbundes, betonte in seiner Begrüßungsrede, daß sich Geschichtsbild und -bewußtsein »in beträchtlichem Maße über heimatgeschichtliche Kenntnisse und Erkenntnisse« formen. Er zitierte Johannes R. Becher: »Völker ohne Gedächtnis sind, ebenso wie ein Mensch ohne Gedächtnis, anfällig für jede Art von Gefahren und fallen immer wieder zurück in ihre alten Fehler.«

Dozent Dr. sc. phil. J.-P. Findeisen aus Leipzig referierte über progressive Ökonomen in Vorpommern vor Rodbertus. Die schwedische Krone bemühte sich bereits wenige Jahre nach der Inbesitznahme Vorpommerns um die wirtschaftliche Entwicklung dieser Provinz. Seit der zweiten Hälfte des 17. Jahrhunderts verfaßten leitende Beamte interne Denkschriften über Mittel und Methoden zur Verbesserung der Landesökonomie. Bereits 1651 schreibt in Schwedisch-Vorpommern der Landsyndikus Heinrich Gerdes gegen »unnütze Kapitalien«. Der Kaufmann dürfe »nimmer sein Geld müßig liegen lassen«, es müsse vielmehr »Vortheil stiften«. Im 18. Jahrhundert wandten sich Reformschriftsteller Schwedisch-Vorpommerns auch an die breite Öffentlichkeit. Diese Reformbemühungen werden, da sie im Auftrag der Regierung erfolgten, zur »Kameralistik« oder »Verwaltungslehre« gerechnet, die bisher als ziemlich unwichtig von der modernen Wissenschaft abgetan wurde.

Sie enthält aber fortschrittliches Gedankengut gegen Leibeigenschaft. Zunftzwang und Monetarismus (Lehre von der Schatzbildung, »totes Kapital in Schatzkammern«). Nach der Ansicht von Jürgen Kuczynski sind in Deutschland monetaristische Bestrebungen bis um die Mitte des 18. Jahrhunderts vorherrschend geblieben, während sich in England bereits damals der Merkantilismus entwickelte, gekennzeichnet durch hohen Export und staatliche Förderung der Industrie.

Daß in Schwedisch-Vorpommern nicht nur Rückständigkeit und hundertjährige Verspätung herrschten, beweist Karl Rodbertus, der um 1851 »Das Capital, Vierter socialer Brief an von Kirchmann« schrieb. Dieses Werk verschloß er 25 Jahre lang im Schreibpult. Es erschien erst 1884, neun Jahre nach seinem Tod und ein Jahr nach dem Tod von Karl Marx.

Der Rodbertus-Forscher Dr. sc. phil. Dr. oec. Günther Rudolph, Akademie der Wissenschaften der DDR, Zentralinstitut für Wirtschaftswissenschaften in Berlin, sagte in den Schlußbemerkungen seines ausführlichen Referates: »Rodbertus ist sicher keine weltgeschichtliche Persönlichkeit wie etwa Spinoza, Goethe, Hegel oder Marx, aber innerhalb der Geschichte der politischen Ökonomie, und nicht nur der von Vorpommern und Deutschland, kann und muß er als ein Stern erster Größenordnung und Helligkeit angesehen werden.« Der Referent vertrat die Meinung, »daß von der Tatsache, daß Rodbertus ein Fünfhundert-Hektar-Grundbesitzer war, nicht kurzschlüssig gefolgert werden darf, daß er in seinem theoretischen Denken eine Grundbesitzerideologie entwickeln mußte.« G. Rudolph verwies in diesem Zusammenhang auf den Gutsbesitzer und Grafen Lew Tolstoi und den Fabrikantensohn Friedrich Engels.

Karl Rodbertus starb 1875 auf seinem Gut Jagetzow »einsam und einigermaßen verbittert«, wie G. Rudolph in seinem Buch über ihn schreibt. Und doch – Rodbertus hatte 1870 in einem Brief mitgeteilt, daß er »in der Silvesternacht einen verstohlenen Schluck Punsch auf die Gesundheit der Internationalen trinken würde«. Und Rodbertus bekannte sich auch öffentlich zur Arbeiterbewegung, da er – zum Ärger von adliger Familie und Nachbarschaft – die Zeitung »Socialdemokrat« abonniert hatte und bekundete, »mit Hasenclever

[Lassalles Nachfolger] zu einer Partei zu gehören«. Er schrieb, »soweit der Kern der sozialdemokratischen Partei ein rein wirtschaftlicher ist, gehöre ich ihr mit ganzer Seele an«. Rodbertus war nicht nur Kapitalismus-Kritiker, sondern er bekannte sich auch zu einem Sozialismus-Modell, das nach der Analyse von Engels im wesentlichen dem Kommunismus von Wilhelm Weitling entsprach. Lassalle stand nicht zuletzt unter dem Eindruck der »Socialen Briefe« von Rodbertus, als er seine Arbeiteragitation begann. –

Am Nachmittag des 19. Oktobers 1985 erfolgte im Rahmen des 2. Demminer Kolloquiums zur Geschichte Vorpommerns eine Exkursion nach Jagetzow. Ratsmitglied Herbert Schlorf und Kulturbund-Kreissekretär Helmut Kruse legten ein Blumengebinde am Grab von Rodbertus nieder. Die schwarz-rot-goldene Schleife mit dem Emblem der DDR trug die Aufschrift: »Die Teilnehmer des Rodbertus-Kolloquiums in ehrendem Gedenken«. G. Rudolph würdigte mit feierlichen Worten das Andenken des progressiven Ökonomen und bedeutenden Vertreters eines kleinbürgerlichen Sozialismus. Es war die erste offizielle Rodbertus-Ehrung auf dem Boden der DDR.

Eine Reihe von Persönlichkeiten wurde mit der von Karl Schlösser geschaffenen Rodbertus-Plakette geehrt, u. a. Martha Bergmann und ihr Sohn Hans-Wilhelm, die sich seit Jahrzehnten um die Pflege der Rodbertus-Grabstätte verdient gemacht haben. Diplom-Architekt Bauckmeier, ebenfalls mit dieser Plakette ausgezeichnet, würdigte den architektonischen Wert des ehemaligen Jagetzower Gutshauses, in dem Rodbertus vier Jahrzehnte gelebt hat. Das Gebäude zeigt im wesentlichen noch heute die Gestalt von 1850.

Der Krieg der Mecklenburger wider die Pommern

Die von Heinz-Gerhard Quadt und Henning Rischer initiierten Kolloquien zur Geschichte Vorpommerns nehmen im Leben des Kulturbundes Demmin einen festen Platz ein. Das bewies die hohe Teilnehmerzahl des 3. Kolloquiums am 5. Juli 1986 im großen klassizistischen Festsaal des Rates des Kreises.

Das Thema der Veranstaltung hieß »Von Arkona bis Schopendamm – Vorpommern in der Zeit von 1100 bis 1370«. Die Referenten waren Joachim Wächter (Diplom-Archivar der Evangelischen Landeskirche, Greifswald) sowie Prof. Dr. Konrad Fritze, Dr. Heidi Böcker und Dr. Horst-Diether Schroeder (Universität Greifswald). Joachim Wächter sprach zu Problemen der deutschen Besiedlung und der Christianisierung von Vorpommern.

Dr. Schroeder referierte über den Rügischen Erbfolgekrieg, ein Thema, das von der »großen« Geschichtsschreibung bisher nicht beachtet wurde. Das Fürstentum Rügen umfaßte neben der Insel auch Stralsund, den Darß, Pütte, Barth, Tribsees, Grimmen, Gristow und Loitz. Mit dem Tod Wizlaws III. – er war übrigens einer der letzten deutschen Minnesänger – am 8. November 1325 erlosch das einheimische Fürstengeschlecht Rügens. Rügen wurde Erbteil der Herzöge von Pommern-Wolgast. Daß es aber gleichzeitig dänisches Lehen war, sollte für die Pommern und Mecklenburger tragische Folgen haben.

Die offizielle dänische Regierung repräsentierte Graf Gerhard III. von Holstein, der Vormund des minderjährigen Königs Waldemar III. Diese Regierung erkannte den achtjährigen Bogislaw V. von Pommern-Wolgast als Erben von Rügen an. Im Hintergrund agierte jedoch auch noch der abgesetzte dänische König Christoph. Er belehnte Herzog Heinrich II. von Mecklenburg und die Herren von Werle mit dem Fürstentum Rügen. Gegenleistung der Mecklenburger sollte deren militärische Hilfe für den Exkönig zur Wiedererlangung des Throns sein. Rügen wurde so zum Streitobjekt zwischen Mecklenburg und Pommern.

Die kriegerischen Auseinandersetzungen begannen im Spätsommer 1326. Die Mecklenburger beschossen Barth und zwangen die Bürger, die Tore der Stadt zu öffnen und Heinrich II. zu huldigen. Auch Grimmen kapitulierte nach kurzer Belagerung. Und kaum hatten die Mecklenburger vor Loitz ein Lager aufgeschlagen, kamen die einflußreichen Ratsherren heraus und übergaben die Stadt.

Auf pommerscher Seite standen die Ritter und Städte des Fürstentums Rügen und des Herzogtums Pommern-Wolgast unter Führung der Städte Stralsund und Greifswald. Auf das reiche Stralsund hatten es die Mecklenburger besonders abgesehen.

Im September 1326 erschien Graf Gerhard III. mit 600 Reitern in Stralsund, nahm als Schirmherr der Stadt und Vormund der herzoglichen Kinder die Huldigung entgegen und eroberte dann Loitz von den Mecklenburgern zurück, mit denen er einen Waffenstillstand bis zum Juni des nächsten Jahres schloß. Mitte Oktober kehrte er ohne greifbare militärische Erfolge nach Dänemark zurück.

Im Juli 1327 wurden die Kämpfe wieder aufgenommen. Die Mecklenburger beschossen Demmin, verbrannten Dörfer und verwüsteten das Land Wusterhusen. Im April 1328 wandten sie sich gegen das Herzogtum Stettin und erschienen in der Gegend um Altentreptow. Da die Pommernherzöge wegen der Kämpfe gegen Brandenburg keine Truppen zur Verfügung hatten, zogen die Grafen von Gützkow, unterstützt von Hilfstruppen aus Demmin und Altentreptow, gegen die Mecklenburger, die bei Völschow geschlagen wurden. Heinrich II. entkam nur knapp der Gefangennahme.

Im Friedensschluß von Broderstorf verzichtete Heinrich II. zugunsten Pommerns auf Rügen. Die Pommern hatten dafür binnen zwölf Jahren 31 000 Mark zu zahlen. Als Pfand behielten die Mecklenburger Barth, Grimmen und Tribsees. Als die Pommern nicht zahlten, aber die Pfänder zurückhaben wollten, flammten die Kämpfe 1351 erneut auf. In der Schlacht am Schopendamm bei Loitz am 25. Oktober jenes Jahres fiel der letzte Graf von Gützkow. Der Überlieferung nach hatte er sich, von seinem Hochzeitsmahl weggerufen, in den Kampf gestürzt.

Der Frieden zu Stralsund 1354 bestätigte Rügen als Bestandteil Pommerns. Lediglich Tribsees kam einige Jahre später am Pommern. Heinrich II. hatte die Witwe Wizlaws III. geheiratet, und Tribsees war das »Leibgedinge« der Witwe. –

Eine Gedenktafel, gefertigt von Steinmetzmeister Joachim Feilhaber, Jarmen, schmückt seit dem 5. Juli 1986 das als Denkmal geschützte ehemalige Gutshaus in Jagetzow. Ihre Enthüllung durch Oberlehrer Quadt war der Höhepunkt des 3. Demminer Kolloquiums zur Geschichte Vorpommerns. Der Text der Gedenktafel stammt vom Berliner Rodbertus-Forscher Dr. Dr. Günther Rudolph.

Aus der Geschichte der Arbeiterbewegung Vorpommerns

DIE STEINSETZER LEGTEN DIE ARBEIT NIEDER…

Das 4. Demminer Kolloquium zur Geschichte Vorpommerns fand am 18. Oktober 1986 statt. Das Rahmenthema lautete »Zur Geschichte der Arbeiterbewegung in Vorpommern bis 1945«. Dr. Werner Lamprecht von der Universität Greifswald sprach über die Sozialdemokratie in Vorpommern. Dominierend war in Greifswald die Universität, deren Entwicklung im 19. Jahrhundert stürmisch verlief. Die Naturwissenschaften nahmen einen gewaltigen Aufschwung, aber auch gesellschaftswissenschaftliche Fragen wurden immer bedeutsamer. Bemerkenswert sind die Greifswalder Studenten Peter Imandt und Abraham Jacoby, die 1848 mit Kommilitonen an den revolutionären Kämpfen teilnahmen. Später wurden sie Mitglieder des Bundes der Kommunisten und schließlich in England und den USA bedeutende Propagandisten des Marxismus.

Die Industrie entwickelte sich in Vorpommern nur langsam. In der Ackerbürgerstadt Gützkow mit etwas über 2000 Einwohnern war eine Kartoffelstärkefabrik von Bedeutung. Ende des 19. Jahrhunderts wurde ein umfangreiches Streckennetz für Kleinbahnen geschaffen. Mit der ökonomischen Entwicklung verschärften sich die Klassengegensätze: 1890 fand in Wolgast die erste öffentliche Versammlung der Anhänger der Sozialistischen Arbeiterpartei statt. In einem Garten an der Bahnhofstraße begrüßte der Wolgaster Korbmacher Dickmann den führenden sozialdemokratischen Funktionär und Reichstagskandidaten Fritz Herbert aus Stettin als Redner. 1906 streikten die Greifswalder Schiffbauer und die Beschäftigten der Holzindustrie in Wolgast, 1908 die Steinsetzer in Greifswald.

Größere Ausmaße nahm der Streik der Wolgaster Zementarbeiter von 1908 an. Der Besitzer Quistorp hatte vier Funktionären des Fabrikarbeiterverbandes und weiteren 80 Arbeitern gekündigt. Daraufhin begann am 3. April der Streik, 219 Beschäftigte legten die Arbeit nieder. Der Streik dauerte bis zum Juni, und erst die Verhängung des Kleinen Belagerungszustandes durch die preußischen Behörden über Wolgast und das Eingreifen leitender rechter Gewerkschaftsfunktionäre zwangen die Arbeiter zum Kompromiß.

Am 26. Juli 1914 demonstrierten die Wolgaster Sozialdemokraten trotz der Kriegshysterie unter den Losungen »Nieder mit dem imperialistischen Krieg!« und »Wir wollen keinen Krieg!« durch ihre Stadt. Dr. Gerhard Janitz von der Universität Greifswald sprach auf dem Kolloquium über die KPD in Vorpommern. Bereits vor dem Ersten Weltkrieg hatte sich unter Stettiner Jungarbeitern eine linke Gruppe herausgebildet, die unter dem Einfluß von Karl Liebknecht stand. Diese Gruppe hielt Verbindung zu Berliner Jungarbeitern.

Während des Ersten Weltkrieges gelangten über eine Deckadresse und durch Urlauber von der Front Schriften der Spartakusgruppe von Berlin nach Stettin, so daß es dort 1916 zu Protestaktionen gegen den Krieg kam. Dabei wurden die Stettiner Jungarbeiter vom SPD-Bezirkssekretär August Horn unterstützt, der deshalb seiner Funktion enthoben wurde.

Am 3. April 1919 fand die erste große Versammlung der Stettiner Kommunisten im »Neuen Casino« statt. Karl Schulz – er war im Auftrag der Reichszentrale der KPD nach Stettin gekommen – wurde Bezirkssekretär für Pommern. Im Sommer und Herbst 1919 erfolgte die Gründung weiterer KPD-Ortsgruppen in zahlreichen Orten Pommerns. In einem vertraulichen Bericht des Polizeipräsidenten heißt es, daß die Stettiner Ortsgruppe etwa 1 500 eingeschriebene Mitglieder zähle.

Die Kommunistin Herta Geffke schreibt über die pommerschen Landarbeiter: »Ich erinnere mich an viele Versammlungen, bei denen mich besonders ihre Einfachheit, ihre Herzlichkeit, aber auch ihre Freude begeisterte, die sie darüber zum Ausdruck brachten, daß ihnen bis in das entlegenste Dorf die Aufklärung gebracht wurde.« Der Oberpräsident von Pommern forderte die Landarbeiter in der

Tageszeitung auf, während der Ernte täglich elf Stunden zu arbeiten und nicht zu streiken. Trotzdem kam es in Barth zum Streik, der sich rasch über den Kreis Franzburg ausbreitete.

Der Kampf gegen den Kapp-Putsch 1920 wurde auch in Pommern konsequent geführt. So bewaffneten sich die Arbeiter in Anklam. Sie besetzten Post, Bahn und Stadtausgänge und streikten in allen Betrieben.

Oberschuldirektor Dr. phil. Günter Schmoer aus Teterow sprach zum antifaschistischen Widerstandskampf in Vorpommern. Er sagte: »Der antifaschistische Kampf gehört zu den großen Bewegungen unseres Jahrhunderts. Seine Tradition bildet in der DDR einen grundlegenden Bestandteil unseres gesellschaftlichen Bewußtseins.«

Bis zum Sommer 1933 war es der Gestapo gelungen, der antifaschistischen Widerstandsbewegung durch Zerschlagung der Organisationen erhebliche Verluste zuzufügen. Aber seit 1936 war, nicht zuletzt wegen der faschistischen Kriegsvorbereitungen, eine erneute Zunahme des Widerstandes zu verzeichnen. Der Widerstand gegen den Faschismus ist eine erschütternde Chronik mit vielen Details.

Der Berliner Kommunist Franz Streit unterhielt Kontakte zwischen der Widerstandsgruppe Saefkow-Jacob-Bästlein und Demminer Antifaschisten. Franz Streit war Rundfunkmechaniker und arbeitete besonders auf dem Gebiet der Hochfrequenztechnik. In seinem Zimmer in Demmin hatte er in großen Mengen Ersatzteile sowie Prüfinstrumente. Es ist zu vermuten, daß er zur Nachrichtenübermittlung ein Funkgerät benutzte. 1943 kam es zu einer Hausdurchsuchung, weil aus Demmin eine Nachricht über die Mißhandlung von Gefangenen im Kreis Grimmen gefunkt worden war. Die Funküberwachung hatte diesen Spruch aufgefangen. Franz Streit wurde am 20. Juli 1944 in Berlin verhaftet und am 22. Januar 1945 hingerichtet.

Am 30. Oktober 1944 wurde die 21jährige Margot von Schade vom »Volksgerichtshof« unter Vorsitz Roland Freislers zum Tode verurteilt. Sie war in Demmin bei der Reit- und Fahrschule kriegsdientsverpflichtet gewesen und hatte, zusammen mit zwei anderen jungen Mädchen, das Mißlingen des Attentats auf Hitler öffentlich bedauert. In der Urteilsbegründung hieß es außerdem, sie habe sich in »schamloser Selbsterniedrigung mit einem Russen politisch unterhalten.« Der rasche Vormarsch der sowjetischen Truppen rettete ihr das Leben.

»MIT REVOLVER, LUG UND TRUG«

Der Widerstand gegen den Faschismus war eine Ehrenrettung des deutschen Volkes und wurde von allen Schichten der Bevölkerung getragen. Das belegen die umfangreichen Forschungsergebnisse Dr. Schmeers für jenes mecklenburgische und vorpommersche Gebiet, das heute dem Bezirk Neubrandenburg entspricht.

1935 wurde in Pommern ein »Aufruf an das deutsche Volk« verbreitet, der von der »Front der anständigen Deutschen« unterzeichnet war. Auf diesen Flugblättern hieß es: »Der Begeisterungsrausch ist vorbei [...] Die Tatsachen und die Leistungsergebnisse haben den Nationalsozialismus im Volk als Schwindel und Blendwerk entlarvt [...]

Korruption in diesem Ausmaß war bisher in unserem Vaterlande undenkbar, und dabei wird das meiste noch unterdrückt [...] Die unerhörten Zuchthausurteile für politische Meinungsäußerung, der Zwang zur Teilnahme an den einzelnen Veranstaltungen, die nicht endenwollende Sammelei (Bettelei) und trotzdem die Aufrechterhaltung der teuren Schutzgarden für den Führer beweisen die Beliebtheit dieser Regierung [...] Mit Dolch und Revolver, mit Stahlrute und Knüppel, mit Lug und Trug, mit Brandstiftung und Verrat an die Macht gekommen, hat der Nationalsozialismus seit zweieinhalb Jahren das Gegenteil getan von dem, was vorher feierlich versprochen worden war [...] Das deutsche Volk hat den Hitlerismus gründlich satt [...] Deutsche Frauen und Männer, deutsche Jugend, richtet Euch auf und arbeitet jeder an seiner Stelle mit für Freiheit und Gerechtigkeit.«

Der Vorschnitter Woitowicz aus Glasow bei Malchin wurde zu zehn Monaten Gefängnis verurteilt, weil er nach einer Hitlerrede im Mai 1935 gesagt hatte: »Alles schöne Reden nützt nichts, denn Hitler will Krieg«. Und der Tankwart Franz Schmidt aus Friedland wurde am 5. November 1942 zu neun Monaten Gefängnis verurteilt, weil er verschiedene Personen gefragt hatte: »Wann gibt es wieder mehr Butter?« und geantwortet hatte: «Wenn die Führerbilder entrahmt werden!«

Zu den Verschwörern des 20. Juli 1944 gehörten auch pommersche Gutsbesitzer, so Friedrich von Zitzewitz auf Gut Muttrin und Ewald von Kleist-Schmenzin auf Gut Dubberow, der nach dem Tod Hitlers als »Politischer Beauftragter« in Pommern die Macht übernehmen sollte.

»... WIR GLAUBEN AN DIE NATUR, AN GOTT«

Die Forschungsarbeit von Dr. Schmeer enthält auch viele Fakten zum christlichen Widerstand gegen den Faschismus. 1943 leiteten die Nationalsozialisten eine neue Terroraktion gegen kirchliche Kreise ein. Am 11. September 1944 wurde der katholische Pfarrer Dr. D. Bernhard Schwentner aus Neustrelitz zum Tode verurteilt. Ihn hatte ein Spitzel mit dem Namen »Aha« unter dem Vorwand, seelsorgerischen Rat zu erbitten, ausgefragt. Angeblich soll Pfarrer Schwentner Hitlers Ermordung gewünscht haben.

Polnische Kriegsgefangene erhielten Hilfe von einer Gruppe, die sich in Neubrandenburg unter Leitung des katholischen Pastors Fischer gebildet hatte. Pastor Fischer berichtete später: »Weitaus der aktivste und wagemutigste von allen Polen war Stanislaw Drogosz, ein junger Elektrotechniker aus der polnischen Sozialistenbewegung; er schaffte an seinem Körper und in seinen Kleidern verborgen sämtliche Bestandteile eines Vierröhrenempfangsapparates in das Gefangenenlager der polnischen Offiziere [...] Schon 1942 erhielt er von mir falsche Papiere für die Flucht von Offizieren nach Polen, die reibungslos glückte.«

1935 entstand in Neustrelitz eine kleine Widerstandsgruppe, in deren Programm es hieß: »Idealismus und Fanatismus begleiten uns, die bewaffneten Christen, im Kampfe zur Lösung der größten Frage des Sozialismus auf allen Gebieten des Lebens [...] wir glauben an die Natur, an Gott [...]«

Der Leiter des Greifswalder Staatsarchivs, Dr. Kornow, berichtete auf dem 4. Demminer Kolloquium über das Archivmaterial zur Arbeiterbewegung in Vorpommern: Akten betreffs geflüchteter Leibeigener, einen Spendenaufruf für die Berliner Barrikadenkämpfer von 1848, Erinnerungen von Arbeiterveteranen...

Über Pompes »Pommernlied« und zur Geschichte der Aufklärung in Vorpommern Impressionen vom 7. Demminer Kolloquium zur Geschichte Vorpommerns

Wenn meine Mutter und ich vom Pilze- oder Beerensammeln nach Hause fuhren, sangen wir gern. Zum festen Repertoire unserer Lieder gehörte: »Wenn in stiller Stunde / Träume mich umwehn, / Bringen frohe Kunde / Geister ungesehn, / Reden von dem Lande / Meiner Heimat mir: / Hellem Meeresstrande, / Düsterm Waldrevier.«

So beginnt das »Pommernlied«, das der Student der Theologie und Sprachwissenschaften Gustav Adolf Reinhard Pompe 1850 in Halle dichtete und am 19. März 1852 seiner Mutter in Stettin als Gedicht mit dem Titel »Heimat« in einem Brief mitteilte. – Pompe, der seit 1849 in Halle studierte, sei, wurde später erzählt, mit Kommilitonen bei einem Professor zu Gast gewesen. Jeder der jungen Leute habe ein Lied aus seiner Heimat zum besten gegeben, nur Pompe, der Pommer, habe keins gewußt, aber dann schnell das »Pommernlied« gedichtet. Ein wenig glaubhaft erschien sie mir schon, diese Anekdote. Der Pommer hat keinen Gefühlsüberschwang parat, offenbart aber, wenn es sein muß, ungekünsteltes und echtes Gefühl: »Aus der Ferne wendet / Sich zu dir mein Sinn, / Aus der Ferne sendet / Trauten Gruß er hin: / Traget, laue Winde, / Meinen Gruß und Sang, / Wehet leis und linde / Treuer Liebe Klang!«

Liebevoll malt Pompe das Bild Pommerns: »Weiße Segel fliegen / Auf der blauen See; / Weiße Möwen wiegen / In der blauen Höh; / Blaue Wälder krönen / Weißer Dünen Sand – / Vaterland, mein Sehnen / Ist dir zugewandt!«

Pfarrer i. R. Dietrich Pompe, ein Enkel des Dichters und ein Aktiver der Bekennenden Kirche, teilte mir mit, daß die erwähnte Anekdote auch in seiner Familie kursiere, aber ihr historischer Wahrheitsgehalt nicht ermittelt sei. 1985 war das »Pommernlied« Pompes im Fernsehen der DDR bei einer Abendsendung über Greifswald erklungen. Während des 7. Demminer Kolloquiums zur Geschichte Vorpommerns am 1. Juli 1989 hielt der Demminer Oberlehrer Heinz-Gerhard Quadt den Vortrag »Adolf Pompe, Gustav Reichardt, Charles Voß – ein Beitrag zur Musikgeschichte Demmins«. Er verwies darauf, daß Pompes Pommernlied nichts gemein hat mit Eroberungsplänen und Revanchismus. Reine Heimatliebe spricht aus den Zeilen: »Bist ja doch das eine / Auf der ganzen Welt; / Bist ja mein, ich deine, / Treu dir zugesellt. / Kannst ja doch von allen, / Die ich noch gesehn, / Mir allein gefallen, / Vaterland so schön!«

In einer Nachbemerkung schrieb Pompe an seine Mutter: «Das Lied habe ich einem lieben Landsmann, der ein Pommernlied zum Singen sich wünschte, gemacht nach der Melodie: ›Freiheit, die ich meine‹ [Text von Max von Schenkendorf]; und es wird jetzt von unsern 12 Pommern hier gesungen mit großer Lust. Blau und Weiß sind bekanntlich Pommerns Farben. Übrigens ist nicht alles so genau zu nehmen, wenigstens ich meine, in Halle doch ziemlich Ruhe gefunden zu haben.« Die letzte Bemerkung bezieht sich auf die Schlußstrophe: »Jetzt bin ich im Wandern, / Bin bald hier, bald dort; / Doch aus allen andern / Treibt michs immer fort: / Bis in dir ich wieder / Finde meine Ruh / Send ich meine Lieder, / Dir, o Heimat, zu!«

G. A. R. Pompe wurde am 12. Januar 1831 in Stettin als Sohn eines Kaufmanns geboren. »Beide Eltern«, schreibt H. G. Bloth, »hielten sich zur der [pietistischen] ›Erweckung‹, d. h. besonders zu den Pastoren der damaligen französisch-reformierten Gemeinde Riquet und seinem Nachfolger Palmié, die führend das Geschehen in der kirchlichen Bewegung Stettins bestimmten.« Der Vater Pompes starb frühzeitig. Die Mutter betätigte sich aktiv am kirchlichen Leben, an der »Weltmission« und der »Inneren Mission«.

Im Brief vom 19. März 1852 hatte Pompe geschrieben: »A[dolf] P[ompe], im Siege über 5 Nebenbuhler gekrönter Poet im Halle'schen Wingolf.« Der »Wingolf« war eine deutsche christliche Studentenverbindung, die die Mensur und den Trinkzwang ablehnte. Der Name »Wingolf« – ursprünglich in der nordischen Sage Aufenthaltsort der bei Odin versammelten Helden – war um 1840 in Bonn mit Zustimmung Ernst Moritz Arndts nach Klopstocks »Wingolfsoden« als Bezeichnung für »Freundschaftshalle« eingeführt worden. Die von Pompe geführte Mehrheit der hallischen Wingolfiten, »Pompejaner« genannt, strebten keine Abkapselung von der Welt an. Pompes »Pommernlied« wurde leicht verändert – z. B. die Strophen 2 und 3 im Vergleich zur Handschrift gegeneinander ausgetauscht – 1853 im Sammelband »Aus dem Wingolf« gedruckt. Bei späteren Abdrucken kamen weitere Textänderungen hinzu (z. B. »Weiße Segel wiegen / Sich auf blauer See, / Weiße Möwen fliegen«).

1856–61 war Pompe Oberlehrer in Greifenberg, 1861–72 Oberprediger in Labes, 1872–83 Superintendent in Lauenburg und von 1883 bis zu seinem Tod am 23. Dezember 1889 Superintendent in Demmin, wo sein Grab auf dem Friedhof »In den Sandbergstannen« gut erhalten ist.

H.-G. Quadt ordnet das »Pommernlied« Pompes der Romantik zu. Ähnlich sind Wilhelm Müllers »Winterreise«, die von Franz Schubert vertont wurde, und das Novalis-Gedicht »Wenn in bangen trüben Stunden«. Die Melodie stammt von Karl Groos aus dem Jahr 1818. Mindestens seit der Luther-Zeit war es üblich, Texte zu bereits vorhandenen Melodien zu schreiben. H.-G. Quadt sagte: »Daß dieses Gedicht als Lied gerade in Pompes Heimat so von den Menschen angenommen wurde und sich in den nachfolgenden Jahrzehnten gewissermaßen zur Regionalhymne entwickeln konnte, lag gewiß auch an der Melodie.«

Im Pfarrgarten von Schmarsow gab es eine uralte Buche mit weit ausladenden Ästen. Sie bot bequeme Sitzgelegenheiten, wo man ungestört musizieren konnte. Die Schmarsower sagten: »De Bäuk makt Musik.« Die da musizierten, waren vor allem die Pastorensöhne Gustav Reichardt (1797–1884) und Charles Voß (1815–82). Reichardt vertonte Ernst Moritz Arndts Gedicht »Was ist des Deutschen Vaterland?« Dieses Lied war vor 1866 deutsche Nationalhymne. Als Arndt 1812 über die Peene geflohen war, soll er zuerst Unterkunft auf dem Heuboden von Reichardts Vater gefunden haben. Der begabte Pianist Charles Voß – er starb in Verona – schrieb leichtere Musik, die oft aus den Musikautomaten des 19. Jahrhunderts erklang. In seinem Testament bedachte er noch aus dem fernen Italien die Schmarsower Schule.

Die Einladung zum 7. Demminer Kolloquium, das erstmals in seiner Geschichte mehr als hundert Teilnehmer zählte, war von Luise Hartmann vom Rat des Kreises Demmin und von Dr. Henning Rischer vom Kulturbund ausgegangen. Die drei übrigen Vorträge hießen:

– »Gutshäuser und Herrensitze in Vorpommern« von Barbara Resch, die dabei besonders auf das Wirken des Landschaftsgärtners Peter Joseph Lenné in Wolfshagen, Basedow, Kartlow, Leistenow, Behrenhoff und Remplin einging
– »Caspar David Friedrich« von Prof. Dr. Nikolaus Zaske
– »Zur Geschichte der Aufklärung in Vorpommern« von Dozent Dr. Joachim Buhrow.

Die drei Referenten kamen von der Ernst-Moritz-Arndt-Universität Greifswald.

Das 7. Demminer Kolloquium fand im Lichtspieltheater Demmin statt. Das garantierte eine gute Wiedergabe der Diapositive und der musikalischen Tonbandaufzeichnungen, eingespielt von der 88jährigen Demminer Klavierlehrerin Dorothea Kasten, die während des Kolloquiums, bei dem Dr. Griebenow aus Greifswald als ältester Teilnehmer (92) begrüßt wurde, anwesend war. Mit einer kleinen Tonbandvorführung wartete auch Dozent Buhrow auf, aus einem Mitschnitt seines DDR-Schulfunk-Hörspiels über Professor Andreas Mayer (1716–82), der auf Empfehlung seines Lehrers, des rationalistischen Aufklärungsphilosophen Christian Wolff, in Greifswald 1741 eine öffentliche Lehrstelle der Mathematik und Experimentalphysik erhielt und hier 41 Jahre tätig war. Das nach knapp dreijähriger Bauzeit am 28. April 1750 feierlich eingeweihte Universitätshauptgebäude mit der berühmten Bibliothek, der heutigen Aula, wurde nach seinen Plänen errichtet. Er war auch an der Umgestaltung des Schlosses Putbus auf Rügen und einiger Dorfkirchen um Greifswald, so in Kemnitz und in Boltenhagen, beteiligt. Schon 1743 hatte er sich in der heutigen Martin-Luther-Straße 10 das eigene Wohnhaus erbaut. Dozent Buhrow verweist darauf, daß man trotz einiger Umbauten noch heute die runden Bodenfenster sieht, aus denen Mayer in jahrelanger Arbeit seine sehr genauen astronomischen Messungen, u. a. unter Nutzung der Sonnenfinsternisse von 1764, 1765 und 1769, vorgenommen hat. Mit Hilfe des Magistrats wurde eine Sternwarte im Pulverturm am Hafen eingerichtet. Als im Winter 1757 Bodden und Ostsee weit zugefroren waren, hat Mayer Küstenvermessungen von Wampen bis Freesendorf hinter Lubmin durchgeführt. 1763 war seine verbesserte Karte von Rügen und Vorpommern erschienen. Bedeutende Lehrbücher wurden damals in Greifswald gedruckt, so die Standardwerke der Mathematik und Festkörperphysik von Leonhard Euler und der »Lehrbegriff der gesamten Mathematik« des Rostocker Wenceslaus Johann Gustav Karsten. Es entsprch den Idealen der Aufklärung, daß Mayer alljährlich den »Neuen Pommersch-rügianischen Staatskalender« herausgab und 1747 Mitglied einer öffentlich wirksamen gelehrten Gesellschaft in Greifswald wurde. Hier trat er mit seinen Freunden, dem Bibliothekar Dähnert und dem Philosophen Ahlwardt, für die Wolffsche Aufklärungsphilosophie ein. 1743 hatte Mayer in Greifswald seine Schrift »Ob Spinoza ein Atheist gewesen?« veröffentlicht. Es war gefährlich, sich für den niederländischen Philosophen Baruch Spinoza, der als »Fürst der Atheisten« verdächtigt worden war, einzusetzen. Mayer schrieb: »Allein ein Spinoza zu heißen, kann nicht anders als mit dem gänzlichen Ruin der Ehre und des Standes verknüpft sein, wie solches die Erfahrung bezeuget.« Und immerhin hatte am 15. November 1723 laut Kabinettsorder Friedrich Wilhelms I. der Philosoph Wolff, denunziert als Religionsverächter und Irrlehrer, bei Androhung des Stranges Halle in 24 und Preußen in 48 Stunden verlassen müssen. Anlaß war seine Rektoratsrede »Über die Sittenlehre der Sineser [Chinesen]« von

1721 gewesen. Trotzdem hatte sich auch in Deutschland die Aufklärung nicht aufhalten lassen, und der Literaturhistoriker Hettner schrieb: »Der Geist des Zweifels und der Neuerung, die Lust am selbständigen Prüfen und Durchdenken der überlieferten Glaubenslehre durchdrang am Anfang der zweiten Hälfte des achtzehnten Jahrhunderts alle, welche überhaupt von den Wogen der rasch strömenden Bildung berührt wurden.«

Ein Schüler von Andreas Meyer war Lambert Heinrich Röhl aus Ribnitz, der 1775 in Greifswald Professor für Astronomie wurde und 1784 die Biographie Mayers veröffentlichte. Er hatte 1768 eine »Einleitung in die Astronomie« veröffentlicht und führte nach Mayers Tod den »Neuen Pommersch-rügianischen Staatskalender« weiter, der nun in Stralsund, nicht mehr in Greifswald, gedruckt wurde. Einer der vorgesehenen Nachfolger für Andreas Mayer als Mathematiker war der berühmte Dozent Jakob Bernoulli in Basel. Die Berufung erhielt aber der Schwede Zacharias Nordmark, der allerdings nur bis 1786 in Greifswald tätig war.

Nach seinem Vortrag lud Dozent Dr. Buhrow die Zuhörer auf sein Wochenendgrundstück, ein ehemaliges Gutshaus in der Damerower Heide bei Sassen, ein. Dort war am Vortag anläßlich des 7. Demminer Kolloquiums eine Eiche gepflanzt und mit einer blauweißen Manschette geschützt worden; denn das wendische Wort »Damerow« ist deutsch »Eichenort« oder »-wald«.

Von der Gründung des Klosters Eldena bis zur Wiedereinweihung des Greifswalder Doms St. Nikolai 1989

Eng ist die Geschichte des Zisterzienserklosters Eldena – es gehörte zur Linie von Clairvaux – mit der der Stadt Greifswald und seiner Universität verbunden. Im 12. Jahrhundert war der Ryck – das wendiche Wort »Reka« bedeutet »Fluß« – die Grenze zwischen dem Fürstentum Rügen (mit dem Land Barth) und dem Herzogtum

Pommern. 1198 wurde das von dänischen Zisterziensern gegründete Kloster Dargun bei Demmin zerstört, und zwar im Zuge eines Krieges von Dänemark, Rügen und Mecklenburg gegen Brandenburg und Pommern. Die Mönche übersiedelten auf Einladung des christianisierten Rügenfürsten und dänischen Verbündeten Jaromar I. in das Ryck-Gebiet, wo sie im heutigen Greifswalder Rosental seit 1193 Salzquellen besaßen, und gründeten dort am Ufer der Dänischen Wieck (Bodden) das Kloster Hilda, dessen Name »Eldena« seit 1347 nachgewiesen ist. 1248 wurde die nahegelegene Stadt Greifswald als Besitz des Klosters erwähnt, 1249 wurde sie vom Kloster als Lehen an Herzog Wartislaw III. von Pommern-Demmin abgetreten. An der Gründung der Greifswalder Universität 1456 war auch der Eldenaer Abt Sabellus Crugher beteiligt. Bald darauf machten sich tiefgreifende Krisenerscheinungen bemerkbar: Am Silvesterabend 1462 wurde der Greifswalder Bürgermeister und Universitätsgründer Heinrich Rubenow ermordet. 1490 wurde ein Abt des Klosters Eldena, Gregorius Groper, wegen Sittenlosigkeit und Veruntreuung abgesetzt. – Eldenaer Mönche konnten in Greifswald studieren, und ihr letzter Abt, Enwaldus Schinkel, war 1513 hier Rektor.

Den Mißbräuchen bei weltlicher und kirchlicher Obrigkeit galt die aufklärerische Kritik des Reichsritters und Humanisten Ulrich von Hutten, der nach abenteuerlichen Flußreisen und einem Schiffbruch im Herbst 1509 als mittelloser fahrender Schüler nach Greifswald kam. Bürgermeister W. Lotze und sein Sohn Henning, Professor der Rechtswissenschaften, nahmen sich seiner an. Doch die anfängliche Freundschaft verwandelte sich sehr bald in bittere Feindschaft. Über seine Flucht aus Greifswald heißt es in Huttens lateinischem Werk »Zwei Bücher Klagen« (nach der Übersetzung von Gottlieb Christian Friedrich Mohnike): »Grade war bei den Weiden, die reihenweise dort stehen, / Gangbar geworden der Sumpf durch den gewaltigen Frost; / Über ihn ging ich getrost, und nicht das geringste befürchtend, / Daß nach Rostock ich käm', zu der Gelehrsamkeit Sitz; / Siehe, so brechen hervor mit wilder Drohung die Männer: / Steh', so rufen sie zu, gib, was du hast, uns heraus!« Henning Lotze hatte Hutten, der ihm Geld schuldete, bis aufs Hemd ausplündern lassen, so daß dieser halb erfroren in Rostock angekommen war.

Die Reformation vollzog sich in Pommern 1535 unter Johannes Bugenhagen (»Doktor Pommer« oder »Doctor Pomeranus«), der 1485 in Wollin geboren wurde, in Wittenberg der Beichtvater und Mitarbeiter Luthers war und 1533 die Bibel ins Niederdeutsche übersetzte. 1553 wurde die Generalsuperintendentur von Wolgast nach Greifswald verlegt. 1634 übereignete Pommernherzog Bogislaw XIV. die Güter des ehemaligen Klosters Eldena der Greifswalder Universität, die dadurch zur deutschen Universität mit dem größten Landbesitz wurde (1930: 10 000 Hektar landwirtschaftliche Nutzfläche mit etwa 45 Gutshöfen, 3 000 Hektar Wald). Vom Kloster- in Universitätsbesitz waren u. a. folgende Dörfer und Güter übergegangen: Neuenkirchen, Wieck, Eldena, Wampen, Dersekow, Diedrichshagen, Weitenhagen, Schönwalde, Koitenhagen, Hinrichshagen, Levenhagen und die Insel Koos.

»Aufklärung« – Untersuchung aller Dinge und Erscheinungen ohne Vorurteil und Autoritätsglauben – war seit der Mitte des 18. Jahrhunderts nicht nur eine Forderung der Philosophie, sondern erfaßte alle Bereiche des geistigen Lebens, auch die Kirche. In der theologischen Fakultät in Greifswald herrschte nach der Reformation zunächst die lutherische Orthodoxie unumschränkt und bestimmte die kirchliche Stellung der Universität. Als Ende des 17. Jahrhunderts auch hier der Pietismus in Erscheinung trat, wurde diese auf Verinnerlichung und »werktätiges Christentum« ausgerichtete Glaubensrichtung besonders von zwei Gelehrten bekämpft: vom Theologen Johann Friedrich Mayer (1650–1712), einem in ganz Europa bekannten Greifswalder Professor, und vom Mathematiker Jeremias Papke, der wegen des »Pietistenstreites« 1735 sein Lehramt in Greifswald verlor und dann seinen orthodoxen Standpunkt von Schweden aus verfocht. Zeitweilig berührten sich Pietismus und Aufklärung, weil beide im Gegensatz zur Orthodoxie das Sittliche gegenüber dem Dogmatischen betonten.

Als der Berliner Theologe Johann Friedrich Zöllner 1795 die Greifswalder Nikolaikirche – heute Dom St. Nikolai – besichtigte, führte ihn dort der Archidiakon (Zweiter Pastor) Diedrich Hermann

Biederstedt. Zöllner bemerkt, daß dieser als erster in Greifswald den »Radkragen« – Sinnbild der Orthodoxie – abgelegt hatte. Zöllner erwies sich als bissiger Kritiker der in dogmatischer Repräsentation erstarrten Orthodoxie. So schrieb er über die Ausstattung der Greifswalder Nikolaikirche: »Noch hängen Bildnisse ehemaliger hiesiger Geistlicher darin, die auch leicht entbehrt werden könnten. Ein wirklich anstößiges, wenigstens lächerliches, stellt die Abnahme Christi vom Kreuz dar. Neben den Figuren, die zur Handlung gehören, steht auf der einen Seite ein Herr Pastor in seiner völligen Amtstracht und auf der anderen Seite seine teure Ehehälfte in einem ehrbaren Putze. Der liebe Mann, der sich vor mehr als sechzehnhundert Jahren vor seiner Geburt (das Bild ist 1684 gemalt) an das Kreuz des Heilandes gestellt hat, ist ein Demminer Präpositus [Propst] v. Essen, der ehemals Professor der Logig in Greifswald war.«

Im kirchlichen Bereich setzte sich in Greifswald die Aufklärung gegenüber der Orthodoxie endgültig durch mit dem Generalsuperintendenten und Professor Gottlieb Schlegel (1739–1810). Er war philosophisch von Immanuel Kant beeinflußt, bei dem er in Königsberg Vorlesungen gehört hatte. Weitere Vertreter der Aufklärung in Greifswald waren der Generalsuperintendent und Professor Johann Ernst Parow, der einen »Grundriß der Vernunftreligion« verfaßte, sowie Johann Christian Friedrich Finelius (1787–1846), Professor, Superintendent und Pastor der Nikolaikirche. Fenelius' Sohn Hermann, Arzt und Dichter in Greifswald, hat 1845 in seinem Gedicht »Unsere Tage« geschrieben: »Groß nenn' ich sie! und feigen Seelen nur / Und trägen, die um's Morgenschläfchen klagen, / Das allzufrüh gestört der Schlag der Uhr, / Nur solchen ist's nicht wohl in unsern Tagen!«

Während der Amtszeit von Johann Christian Friedrich Finelius, der sich auch als Porträtmaler betätigte, erfolgte 1824–33 unter Leitung seines Freundes Gottlieb Giese (1787–1838) die Rekonstruktion der Nikolaikirche im Sinne der Romantik.

Diese große mittelalterliche Backsteinkirche, eins der schönsten gotischen Bauwerke im weiten pommerschen Land, wird zusammen mit anderen Greifswalder Kirchen – St. Marien und St. Jacobi – erstmals 1280 erwähnt. Sie ist im Mittelalter Propsteikirche, und bei der Universitätsgründung 1456/57 wird sie Kollegiatkirche. Eine solche Kirche stand rangmäßig unter dem Dom oder der Kathedrale (Bischofskirche) und wurde von in Gemeinschaft lebenden Geistlichen betreut. Diese Stiftsherren waren zugleich Professoren der Universität.

Gottlieb Giese, wie Caspar David Friedrich ein Schüler des Greifswalder Architekten und akademischen Zeichenlehrers Gottfried Quistorp, hat die Greifswalder Nikolaikirche als gotisches Bauwerk erhalten, obwohl in seiner Zeit das Wort »gotisch« mitunter als Synonym für »veraltet« und »unschön« galt und in einem Gutachten von 1824 die Umwandlung der Kirche in eine klassizistische Halle mit Holztonne im Mittelschiff vorgeschlagen worden war. Der Turmhelm stammt von 1652/53 und zeigt den Stil des holländischen Barock: Unter der Turmspitze mit Kugel und Wetterhahn wechseln Zwiebeln und Laternen ab, die dem Wind wenig Angriffsfläche bieten. 1678 während der brandenburgischen Belagerung bestand höchste Gefahr für das Bauwerk: Hatte doch der General Derfflinger trotz des Protestes der Kurfürstin die Kanonen auf den Turm richten lassen…

Gieses Mitarbeiter bei der »romantischen Restaurierung« der Greifswalder Nikolaikirche war der Kunsttischler Christian Friedrich (1779–1843), ein in Greifswald ansässiger Bruder C. D. Friedrichs. Inventar und Einbauten im neugotischen Stil verschmolzen harmonisch mit der ursprünglichen Anlage. Der Greifswalder Professor und Kunsthistoriker Nikolaus Zaske verweist auf eine mögliche unmittelbare Einflußnahme C. D. Friedrichs bei der Rekonstruktion der Nikolaikirche, eventuell durch an seinen Bruder oder an Giese gesandte Entwürfe. Zaske schreibt: »Seine [C. D. Friedrichs] Gedanken kreisten um das Thema ›Vision der Kathedrale‹, das romantische Spekulationen über geschichtliche und metaphysische Perspektiven von Vergangenheit, Gegenwart und Zukunft zusammenfaßte.« Karl Friedrich Schinkel – damals oberster Architekt Preußens – testierte 1835: »Die Restauration der Nikolaikirche durch den Maler und Baumeister Giese muß man in unseren Zeiten für eine größtenteils gelungene halten.«

1950 wurde dem Generalsuperintendenten des vorpommerschen Gebietes, das etwa dem ehemaligen Herzogtum Pommern-Wolgast entsprach, der Titel Bischof verliehen. Die Greifswalder Nikolaikirche wurde seine Predigtkirche und damit Dom, und dieser Dom ist auch, nicht zuletzt durch die Bachwochen, Musikzentrum und damit eine wichtige Stätte im allgemeinen kulturellen Leben Greifswalds und der DDR. Seit 1977 wird eine umfangreiche Rekonstruktion und Restaurierung des Doms durchgeführt. Bis Ende 1980 waren während der vierjährigen Bauzeit etwa 3 Millionen Valutamark und 0,25 Millionen Mark der DDR aufgewendet worden. Spezialisten staatlicher Baubetriebe und der Kirche arbeiteten Hand in Hand. Gotlandkalkstein für den Altar und öländische Kalksteinplatten für den Fußboden gehören zu den Materialien und Ausrüstungen, für deren Erwerb Valutamark aufgewendet werden mußten, und es ist nicht verwunderlich, daß sich der heimatverbundene Dr. Berthold Beitz in der ersten Reihe der Einzelspender aus der BRD und aus Schweden fand. Die Innenrenovierung des Doms wird von der Staatlichen Denkmalpflege, vom Rat der Stadt Greifswald, von der Evangelischen Landeskirche Greifswald und durch Spenden der Kirchengemeinde bezahlt. Sie ist mit 2,5 Millionen Mark veranschlagt und wird viele Jahre in Anspruch nehmen. Rekonstruktion und Renovierung erfolgten bzw. erfolgen unter Leitung von Prof. Dipl.-Ing. Friedhelm Grundmann (Hamburg), Bildhauer Hans Kock (Kiel) und Restaurator Fred Kluth (Neu Mistorf bei Güstrow).

Turmeinstürze im 16. und 17. Jahrhundert hatten die ursprüngliche mittelalterliche Ausmalung stark beschädigt. Die spätgotischen Bildwerke an den Wänden und Gewölben waren seit etwa 1710 schließlich mehr und mehr und zuletzt vollständig unter Tünche- und Farbschichten verschwunden, wo sie allerdings auch bewahrt blieben und nur hier und da wieder sichtbar wurden. Seit 1982 werden sie planmäßig freigelegt und restauriert: Pflanzenornamente und bedeutende szenische und monumentale Bilder. Was bisher zum Vorschein kam, wird in die Entstehungszeit 1420–50 eingeordnet. Der Kunstgeschichte stehen hier vielleicht noch interessante und aufschlußreiche Entdeckungen bevor…

Am 11. Juni 1989 erfolgte die feierliche Wiedereinweihung des Doms: Die Bibel wurde auf den Mittelaltar gelegt, eine Kerze auf den Osterleuchter gestellt und das Lektionar (Bibeltexte zum Vorlesen) auf dem Lesepult aufgeschlagen. Die Predigt beim Festgottesdienst hielt Dr. Horst Gienke, der Bischof zu Greifswald. Die Liste der Ehrengästewar lang. Neben Erich Honecker und Dr. Berthold Beitz hatten sich u. a. mit der Domgemeinde beim Gottesdienst versammelt: Kurt Löffler (damals Staatsekretär für Kirchenfragen der DDR), Ernst Timm (damals Erster Sekretär der Bezirksleitung Rostock der SED), Udo Wellner (Oberbürgermeister von Greifswald), Oberpharmazierat Prof. Dr. Peter Richter (Rektor der Ernst-Moritz-Arndt-Universität Greifswald), Oberkirchenrat Martin Ziegler (Leiter des Sekretariats des Bundes der Evangelischen Kirchen in der DDR), Björn Engholm (Ministerpräsident des BRD-Bundeslandes Schleswig-Holstein), Prof. Dr. Karl Carstens (BRD-Altbundespräsident), Ursula Flick (Oberbürgermeisterin von Greifswalds BRD-Partnerstadt Osnabrück), Henrik Liljegren (Botschafter des Königreichs Schweden), Dr. Franz Bertele (Leiter der Ständigen Vertretung der BRD in der DDR), Botschaftsrat Tadeusz Sznurkowski (Volksrepublik Polen), Erzbischof Pajula (Tallinn), Bischof Dr. D. Sven Lindegard (von der schwedischen Partnerkirche Växjö), die Bischöfe Gimbi (Tansania), Dr. Gottfried Forck (Berlin-Brandenburg), Dr. Peter Krusche (Hamburg), Karlheinz Stoll (Schleswig), Dr. Ulrich Wilckens (Lübeck). Daß kein prominenter Kirchenvertreter aus Mecklenburg eingeladen war, deutete wahrscheinlich bereits an, daß die kostspielige Domerneuerung und der repräsentative Weiheakt auch Kritiker hatten. Die nachfolgenden Diskussionen – sogar in der Presse – bestätigten es. In einem offenen Dankbrief von Bischof Dr. Gienke an E. Honecker hieß es: »Ich möchte Ihnen […] ausdrücklich noch einmal dafür danken, […] daß Sie vielen Menschen in unserem Land und weit darüber hinaus durch die Fernsehübertragung des Gottesdienstes eine große Freude bereitet haben und jedem Gelegenheit gaben, sich selber ein Bild klarer Trennung von Staat und Kirche und gerade darum zugleich vom achtungsvollen und vertrauensvollen Miteinander zu verschaffen.«

Die Trennung von Staat und Kirche war eine Forderung der Aufklärungsphilosophie, und das angestrebte tätige Miteinander von Atheisten und Christen entspricht sozialistischer Demokratie.

DRITTER TEIL

Abstecher nach Mecklenburg

Hofmeister für 60 Taler
Gedenken an Johann Heinrich Voß in Penzlin

In der Alten Burg Penzlin macht uns eine Ausstellung mit Leben und Werk von Johann Heinrich Voß vertraut.

Die Burg demonstriert dem Besucher aber auch in drei Etagen feudalistische Grausamkeit: Im ehemaligen Rittersaal findet sich an der Decke der Auspeitschungshaken. Unter der Erde ist in einem Tonnengewölbe der Folterkeller mit Block, Daumenschraube, »Doppelgeige« und »Falschspielerkreuz«. Die unterste und schrecklichste Stufe ist der sechs Meter tief gelegene schallsichere Hexenkeller mit sieben Nischen, in denen der Zauberei Angeklagte gefangengehalten wurden. Die Opfer waren an Hals, Brust, Armen und Füßen eng an die Wand gekettet, 70 cm über dem Erdboden, wahrscheinlich einer Weisung des »Hexenhammers« folgend, wonach ohne Berührung der Erde die Zauberkraft der Hexe verlorengehen sollte. Einige Nischen waren durch schwere Türen abgeschlossen... Eine Blütezeit der Hexenverfolgung setzte hier 1661 – also bereits in der Neuzeit! – ein, als der Herzog Gustav Adolf von Mecklenburg-Güstrow die gründliche Ausrottung der Hexen in seinen Landen befohlen hatte.

Der Direktor der Penzliner Johann-Heinrich-Voß-Oberschule und Heimatforscher Siegfried Heuer, der Akten aus dem Landesarchiv in Schwerin ausgewertet hat, weist darauf hin, daß der Besitz der Verurteilten von der Obrigkeit eingezogen wurde. Die herrschenden Kreise selbst waren im allgemeinen vor solchen Prozessen sicher, denn sogenannte Standespersonen durften nicht gefoltert werden.

In Penzlin verlebte der am 20. Februar 1751 in Sommerstorf bei Waren (Müritz) geborene Johann Heinrich Voß seine Kindheit. Die Familie Voß war bereits im Sommer 1751 nach Penzlin gezogen. Voß' Vater, ein ehemaliger Kammerdiener, der in der Welt herumgekommen war, pachtete hier den Dammzoll und betrieb eine Gastwirtschaft. Der Knabe Johann Heinrich war lern- und lesehungrig. Sein verträumtes Wesen nannte der Klippschulmeister Penn »Dusselei«, und auf der Stadtschule wurde er später von Rektor Struck im Scherz als »Philosophus« bewillkommt. Manchmal hieß es auch: »Eure Königliche Majestät, geruhen Sie aufzusagen« aufgrund einer Botschaft, in der er sich beim Soldatenspielen als »König der Wenden in Mecklenburg« bezeichnet hatte und die den Erwachsenen in die Hände gefallen war.

Unter Rektor Struck lernte Voß mit autodidaktischem Eifer Latein, obwohl oder gerade weil sein »altes aus Tütenpapier gerettetes Wörterbuch einen unbrauchbaren deutsch-lateinischen Anzeiger hatte«. Außerdem begann er, auf eigene Faust Griechisch zu lernen.

Beim Besuch der Lateinschule in Neubrandenburg von 1766 bis 1769 ist er auf Freitische angewiesen. Im Gefolge des Siebenjährigen Krieges war die Familie Voß verarmt, der Vater war von den Preußen sogar für ein Jahr (1759/60) als Geisel der Stadt Penzlin, die die Kontributionen nicht aufbringen konnte, zum Festungsbau nach Stettin verschleppt gewesen. Vater Voß hatte mancherlei Nebenerwerb gesucht, so als Schreiber und Rechtsberater, »da er das lübsche Recht wie wenige kannte«. Am 25. März 1771 erteilte ihm der Superintendent Johann Christian Keßler aus Güstrow, damals auch amtierender Pastor in Groß Vielen, die Genehmigung, eine »Nebenschule« in Penzlin eröffnen zu dürfen. Das Betreiben dieser privaten Elementarschule brachte Vater Voß viele Anfeindungen ein. Er mußte sogar den Befähigungsnachweis für diese seine Klippschule wiederholen, durfte sie aber doch bis zu seinem Tod am 13. Mai 1778 behalten. –

Im Abschnitt »Leben von Johann Heinrich Voß« im zweiten Teil der »Antisymbolik« (1826) finden wir als Erinnerung an die Neubrandenburger Schulzeit: »Kaum Schlug es acht, als die Türe sich öffnete und ein Schüler der dritten Klasse in blauem Mantel ›Hora octava est audita!< mit singendem Ton hereinschrie. Wie fremd mir alles, wie grundgelehrt und wie feierlich!«

Mit elf Mitschülern gründete Voß eine geheime »Griechische Gesellschaft«. Das griechische Wörterbuch, wiederum aus Tütenpapier rekonstruiert, war eine Spende des Penzliner Apothekers. Auch deutsche Dichter wurden gelesen.

Aber als die Zeit des Studiums herangekommen war, hatte Voß, dessen Großvater väterlicherseits noch Leibeigener gewesen war, keine andere Wahl, als 1769 Hofmeister im Dienste des Herrn von Oertzen im nahen Ankershagen zu werden. Statt die Studien aufnehmen zu können, mußte er sein Wissen vorzeitig und allzu billig verkaufen. In »Abriß meines Lebens« (1818 für F. A. Brockhaus geschrieben) berichtet Voß in der dritten Person über sich selbst, daß man »ihm 60 Rthlr. mit einem Weihnachtsgeschenk und für das zweite Jahr 70 bot. Der abgegangene Kandidat hatte wie der Koch 80 gehabt.«

Voß' Biograph Wilhelm Herbst bemerkt: »Die Freistunden waren kärglich zugemessen; man kaufte seine Kraft gründlich aus. Denn außer der Unterrichtszeit – täglich fünf Stunden und eine Klavierstunde – mußte er, wenn adliger Besuch aus der Nachbarschaft kam, oft Klavier spielen, vorlesen und die mitgebrachten Kinder unterrichten [...]«

1772 kündigt Voß seine Hauslehrerstelle in der Hoffnung auf Unterstützung, die ihm Superintendent Keßler aus Güstrow zugesagt hatte. Aber Voß wird bitter enttäuscht. Ein neuer Hauslehrer ist bereits in Ankershagen, und Voß weiß nicht aus noch ein. Da eröffnet der Göttinger Musenalmanach für das Jahr 1770, den er von seiner »Griechischen Gesellschaft« aus Neubrandenburg zugesandt bekommen hatte, einen ganz neuen Weg; die hier abgedruckten Gedichte hatten ihm Mut für einen Briefwechsel mit dem Herausgeber Boie gemacht, der ihn jetzt zum Studium nach Göttingen ruft.

Boies jüngste Schwester Ernestine wurde später die Vossin, die treue Ehefrau und Mitarbeiterin des Dichters. Voß wurde der noch heute anerkannte Homer-Übersetzer und Dichter, der seine aufklärerisch-antifeudale und christlich-rationalistische Überzeugung in Oden, Liedern, Idyllen und Streitschriften zum Ausdruck brachte.

Er überwand mit Lutherdeutsch und mit klassischer Versmetrik (Hexameter) den barocken Sprachschwulst seiner Zeit.

Eine frühe Idylle von 1774 heißt »Die Leibeigenen«. Michel droht dem Junker mit dem »rötlichen Hahn«. Aber Hans will die Rache Gott überlassen, trotzdem malt er ein grausiges Spukbild von der adligen Sippe: »Ganz oben im feurigen Lehnstuhl / Brüstet sich großachtbar mit der Frau Ahnherrin der Ahnherr / Vom hochadligen Haus, ein genarbter Straßenräuber. / Beinkleid, Wams und Kappe sind bläulich funkelndes Eisen. / Wild wird jetzo geschmaust und gezecht: der entsetzliche Fraß ist / Blutiges Menschenfleisch, das Getränk aufsiedende Tränen.« Die später hinzugekommenen Idyllen »Die Erleichterten« und »Die Freigelassenen« waren Lehrstücke zur Fürstenerziehung. Die Satire »Junker Kord« (1793) sollte »den Junkern wie englischer Senf in der Nase krabbeln«.

Wer den Geburtsort des Dichters aufsuchen will, wird durch die Angabe in älteren und neueren Biographien »Sommersdorf in Mecklenburg« fehlgeleitet. Er könnte laut Autoatlas in Sommersdorf bei Malchin oder in Sommersdorf bei Prenzlau landen, nicht aber im richtigen Sommerstorf (mit »t« geschrieben!) über Grabowhöfe bei Waren (Müritz). Hier zeigt uns das Ehepaar Steger die Stelle auf dem Feld in der Nähe der ehemaligen Einklassenschule, wo einst Voß' Geburtshaus gestanden hat. Noch kennzeichnet keine Gedenktafel den Ort. Aber Frau Steger weist auf den 1968 erschienenen Roman »Johann Heinrich Voß« von H. A. Stoll hin, der die Erinnerung an Voß lebendig bewahrt. Denn nach Wilhelm von Humboldt ist eine »mächtigere und wohltätigere Erfahrung auf die Nationalbildung« als durch Voß kaum denkbar.

Kinderidyllen von fcinem Humor und zur Propagierung der Pockenschutzimpfung Erinnerungen an den aufklärerischen Dichter und Prediger Ernst Theodor Johann Brückner in Groß Vielen

Das ehemalige Pfarrhaus in Groß Vielen im Bezirk Neubrandenburg ist eine kulturelle Gedenkstätte fernab der großen Verkehrsstraßen. Und der hier einst lebte, ist fast vergessen. Allenfalls wird er im Zusammenhang mit Voß genannt: Ernst Theodor Johann Brückner.

Er wurde am 13. September 1746 als Sohn eines Pastors in Neetzke in Mecklenburg-Strelitz geboren. Er verlebte seine Kindheit in Kublank. Unterricht erhielt er zunächst durch einen Hauslehrer, absolvierte dann drei Jahre lang die Lateinschule unter Magister Dankert in Neubrandenburg, besuchte 1763–65 das Joachimsthalsche Gymnasium in Berlin und studierte 1765–67 in Halle Theologie, Philosophie und die »schönen Wissenschaften« (Dicht- und Redekunst). Er kehrte 1768 nach Mecklenburg zurück, beschäftigte sich zunächst als Hauslehrer mit Kinderunterricht und wurde 1770 Hilfsgeistlicher bei dem kranken Prediger Asmis in Wesenberg. Die Wesenberger Gemeinde bemühte sich, Brückner als Prediger zu bekommen, aber am 14. März 1771 wurde er Pastor in Groß Vielen. Er wohnte bei der Witwe seines Amtsvorgängers Fabricius, dessen Tochter Dorothea – sie war vier Jahre älter als Brückner – er im November 1771 heiratete. Damit war dem Brauch »der Konservierung der Witwen und Töchter bei den Pfarren« Genüge getan. Dorothea Brückner gebar 1772–84 sieben Kinder. Ernestine Voß berichtet, Brückner habe »sein ganzes Leben hindurch einen siechen Körper getragen«. Und sie schreibt: »Er lebte in einem dumpfigten, feuchten Hause, hatte stets mit drückenden Nahrungssorgen zu kämpfen und fand in seiner nahen Umgebung nicht die Aufheiterung, die seinen Geist hätte frisch erhalten können.« In Groß Vielen blieb Brückner bis zum Dezember 1789. Am zweiten Advent hielt er dort seine Abschiedspredigt; denn er war nach Neubrandenburg berufen worden, wo er am 29. Mai 1805 starb.

Koppe schreibt in seiner Abhandlung »Jetztlebendes gelehrtes Mecklenburg« von 1783, daß Brückner bereits durch den Einfluß seines Vaters »beides gleich sehr haßte, den Fanatismus, wobei der Verstand schüchtern, und die Spekulation, wobei das Herz kalt wird.« Zu dem Entschluß, Prediger zu werden, mag der frühe Tod der Mutter 1759 beigetragen haben. Auf dem Joachimsthalschen Gymnasium machte Brückner mit der Dichtkunst nähere Bekanntschaft, und besonders beeindruckte ihn die Tragödie. In Halle lernte er die beiden theologischen Hauptrichtungen seiner Zeit kennen, den die Frömmigkeit betonenden Pietismus und den die aufklärende Vernunft betonenden Rationalismus. Eine große Rolle spielte in Mecklenburg neben dem Pietismus die althergebrachte »Rechtgläubigkeit« oder »Orthodoxie«. Die Aufklärungstheologie und der soziale Gedanke des Christentums hatten es Brückner angetan. 1775 ist er wegen seiner modernen Ideen akut von der Amtsenthebung bedroht. Unter seinen Kollegen war er ein absoluter Außenseiter, so daß er mitunter verzweifelt gegen das »orthodoxe Vieh« aufbegehrte. Ihn hatte der Vorwurf, »er predige gar nicht von Christo« tief beleidigt. Er schrieb an Voß: »Und ich sitze hier in Ketten des Aberglaubens, von hergebrachtem Unsinn tyrannisiert. Mich haben die Eiferer aufs Korn.« Brückner begrüßte die Französische Revolution und freute sich, daß die revolutionäre Idee in Neubrandenburg viele Sympathisanten fand. –

Das »gastfreundliche Halmendach« und eine lebenslange Freundschaft

Mit dem Auto fährt man von Ankershagen in das benachbarte Groß Vielen etwa zehn Minuten. Diesen Weg ist Voß in seiner Hauslehrerzeit oftmals gegangen, um Brückner, mit dem er seit dem Winter 1770/71 durch eine innige Freundschaft verbunden war, zu besuchen. Dieser hatte bereits als Student drei Trauerspiele unter dem Titel »Etwas für die deutsche Schaubühne« geschrieben, auf die Lessing aufmerksam geworden war. Bei Brückner fand Voß Verständnis, Anregungen und erstes Lob für die eigene poetische Produktion. Wenn ich bei Fräulein Behrmann, die jahrzehntelang Heimatliteratur gesammelt hat, im ehemaligen Pfarrhaus in Groß Vielen saß und in das weite mecklenburgische Land hinausblickte, konnte ich Voß nachempfinden, was er in seinem Brückner gewidmeten Gedicht »Der Winter« geschrieben hat:

»Eilt mit Stahl in Gehölz, und führt / Buchenstapel auf lautknarrender Axe [Achse] hin / Zum gastfreundlichen Halmendach, / Wo, noch Bräutigam jüngst, Brückner die Gattin herzt.

Fern aus wendischer Hünenburg / Trab' ich über den Schnee; bald in dem Kämmerlein / Wärmt den Starrenden Saba's Trank [Kaffee], / Und der püsternde Balg hauchet die Flammen auf.«

Die Freundschaft zwischen Brückner und Voß währte ein ganzes Leben lang! Von Heinrich Christian Boie eingeladen, war Voß 1772 nach Göttingen übergesiedelt und hatte dort das Studium der Theologie und der alten Sprachen aufgenommen. Er hatte das »hochadelige Geschmeiß«, wie er an Brückner schrieb, verlassen. Aber er sorgte sich um den fernen Freund in der mecklenburgischen Heimat: »Und mir trug kein Lüftchen von meinem Brückner / Gruß und Verkündung! […] Schimmerst du, falschlächelnder Mond, auf seinen / Ragenden Grabstein?« Und Brückner schrieb im Gedicht »An Herrn Voß, als er verlangte, daß ich singen sollte«: »Ich kämpfen mit der Welt und ihren Lastergeschwadern? / Hier schäumt ein Krieg in meinen eigenen Adern: / Der Geist ist matt, das Leben Qual. / Sing', starker Freund, und donnre Du; / Ich murm'le schwach dazu.« Und in Brückners Gedicht »An Voß und Hölty« heißt es: »Eilt! Wer weiß es, wie bald einen von uns der Sturm / Zu den Sängern verweht, welche verstummet sind, / In die Tale, von wannen / Keine Träne zurück ihn bringt.«

Brückner – einziger auswärtiger Hainbund-Dichter

Am 12. September 1772 war durch Voß und seine Freunde der Göttinger Dichterbund, später »Hainbund« genannt, mit dem Ziel, »Religion, Tugend, Empfindung und reinen unschuldigen Witz zu verbreiten«, gegründet worden. Brückner ist das einzige auswärtige Mitglied des Bundes. Er hat den Bardennamen »Cilyn« erhalten, und ihm gibt Voß in seinen Briefen Rechenschaft über alles, was im Bund geschieht.

Brückner schrieb am 29. September 1773 aus »Grossen Viehlen« an Voß in Göttingen: »Grüße von mir alle Brüder, den ganzen Hain, und ermahne sie alle ihren abwesenden Bruder zu lieben. Wenn an Klopstock geschrieben wird, so erwähne man der heiligen Thränen, die ich ehrfurchtsvoll gesehen habe, als ich seine Meßiade [›Messias‹] vorlaß. Könnte ich sie ganz Meklenburg vorlesen! Da thäte ich weit größere Dinge, als wenn ich wöchentlich hartherzigen Bauersleuten predige. Ich rede da, bebe, weine, einige mit mir, keiner wird beßer. Wie betrübt für mein Herz!«

Ein Hauptanliegen Brückners war der Kinderunterricht, und er beschäftigte sich eingehend mit der Psychologie des Kindes. Von Mitgliedern des Hainbundes wurden besonders seine »Unschuldsidyllen« geschätzt. Das waren die »Patriarchalischen Idyllen« (aus der Zeit »vor der sogenannten Sündflut nach der alten Urkunde im ersten Buch Mosis«) sowie die »Kinder-Idyllen«. Und diese Kinderidyllen fesseln auch den heutigen Leser durch ihre Frische und ihren feinen Humor. Brückner glaubte an die angeborene Güte und Unschuld des Menschen. Er propagierte dementsprechend in der Pädagogik die Vorbildwirkung und allgemeine Menschenliebe (»Philanthropie«). Seine Fortschrittspredigt bleibt nicht unverbindlich-pathetisch, wenn er z. B. eindringlich auf die Notwendigkeit der Pockenschutzimpfung hinweist. Tränen der Rührung waren für Brückner ein wichtiges Mittel seiner erzieherischen Bemühungen. In seinen Kinderidyllen nimmt Brückner die Personen und das Milieu seiner Heimat auf: des Pächters dicken Hans, des Pfarrers gelbgelockte Tochter, das Schulhaus, den Dorfteich, Oheims Garten, die Kirchhofslinde.

In der Kritik außerhalb des Hainbundes wurden Brückners Kinderidyllen meist unterschätzt. Schubart schrieb allerdings in der »Deutschen Chronik« 1775: »So zartes Gefühl der Unschuld und Tugend hab' ich nicht leicht bei einem Dichter gefunden. Brückners Ideen aus Unschuldswelten sind wie Ahnungen künftiger Welten, die zuweilen meine Seele durchblitzen.«

1775 versuchte Brückner, seinen Freund Voß für die norddeutsche Heimat zurückzugewinnen, als er ihn zum Nachfolger des verstorbenen Rektors Dankert in Neubrandenburg vorschlug. Doch Voß erwies sich beim Prüfungsgespräch für die dortige Geistlichkeit als zu freisinnig in Glaubensfragen. Voß schrieb: »Bald wäre ich in Neubrandenburg Rektor geworden, wenn der Superintendent mich nicht wegen der Erbsünde gefragt hätte.« Eine Zeitlang trug sich Voß mit dem Gedanken, nach Groß Vielen zu ziehen und dort seine Musenalmanache herauszugeben. Aber Boie riet dringend ab. Auch der melancholische Dichter Hölty hatte zeitweilig die Absicht, sich zu Brückner in das stille Mecklenburg zurückzuziehen, starb aber 1776 in Hannover. Seit der zweiten Hälfte des Jahres 1774 war der Hainbund in der Auflösung begriffen.

Als 1778 der alte Voß in Penzlin starb, vertrat Brückner den fernen Freund am Sterbebett des Vaters.

Brückner schrieb über Voß: »Sich der Schule zu widmen, ist der eigentliche Zweck seines Studiums gewesen.« Erst 1778 konnte Voß das Amt eines Rektors (Schulleiters) in Otterndorf an der Nordsee antreten. Insgesamt war er 24 Jahre als Rektor von Lateinschulen tätig, vier Jahre in Otterndorf, 20 Jahre in Eutin in Holstein.

1797 und 1799 war es Voß und Brückner vergönnt, sich noch einmal zu sehen. Im August 1799 schrieb Voß von Neubrandenburg aus seinem Freund Johann Abraham Peter Schulz, dem Komponisten seiner Lieder: »Wir sind glücklich bei unserm Brückner angelangt.« Der Briefwechsel zwischen den Familien Voß und Brückner dauerte bis zu Brückners Tod.

Strafandrohung für ein Epigramm

1772 waren in Neubrandenburg Brückners »Emilie Blontville«, ein bürgerliches Trauerspiel, und die beiden Nachspiele »Kalliste« und »Der Enterbte« herausgekommen. Boie, der als Mittelpunkt des Göttinger Dichterbundes gilt, beurteilte und verwarf alle drei Dramen Brückners und ermunterte ihn zur Idyllendichtung, die Rousseaus »Zurück zur Natur« bejahte und »das einfache Leben« pries. Vorbilder waren dabei vor allem Klopstock, der Schweizer Dichter Salomon Geßner und die »Anakreontiker«, jene deutschen Dichter, die altgriechische Lyrik nachahmten. An den Idyllen der Barockzeit stört uns am meisten die häufige Überfrachtung mit mythologischen Begriffen aus der klassischen Antike. Brückners Kinderidyllen, die die Mutter am Krankenbett und Kinder beim Spiel im Garten zeigen, machen da eine rühmliche Ausnahme. Neben den schon erwähnten »Idyllen aus einer Unschuldswelt« schrieb auch er die damals unvermeidlichen »Schäferidyllen«.

Brückner verfaßte u. a. Beiträge zu den Göttinger und Voßschen Musenalmanachen, zu Boies »Deutschem Museum«, zu Campes »Erziehungsschriften« und »Kleiner Kinderbibliothek«, »Predigten über die gewöhnlichen Evangelien der Sonn- und Festtage des ganzen Jahres«, »Predigten über die Sonn- und Festtags-Episteln« und »Predigten für Ungelehrte«. Die Predigten wurden in den Lesegottesdiensten der Kirchen Mecklenburgs häufig verwendet. Voß schreibt in seinem lyrischen Hauptwerk, der Idylle »Luise«: »Konnte der Küster / Doch zur Not die Gemein aus dem redlichen Brückner erbauen!« 1803 erschien in Neubrandenburg eine Auswahl der meist überarbeiteten Gedichte Brückners, die er quasi als Quintessenz seines Schaffens herausgab. Das Werk ist fast verschollen.

Brückner war wegen seiner Predigten, in denen er mitunter eigene Verse zitierte, nicht frei von Angriffen. Aber noch größeren Ärger brachte ihm die Poesie ein! Für Voß' Musenalmanach 1779 hatte er das Epigramm »Recept, einen Freigeist zu machen« geliefert. Nach dessen Abdruck erhob Rat Weinland vom Konsistorium in Rostock Klage gegen Brückner und forderte »Vorladung bei

10 Rthlr. Strafe, gehörige Weisung und Kondemnation [Verurteilung] in die Kosten«. Brückner wurde zu einer Besprechung vor Superintendenten Keßler in Güstrow geladen und verteidigte sich so, daß er mit der Verwarnung davonkam, »sich nicht mehr unter die Almanachdichter zu mengen und auch besonders seine Gabe zur Poesie mehr zum wirklich Geistlichen und zur Erbauung anzuwenden.«

Fürchtete dic Kirchenbehörde bei Brückner den Ansatz zu einer ähnlichen Entwicklung wie etwa bei Johann Heinrich Schulz, Prediger in Gielsdorf bei Berlin? Dieser Semler-Schüler ist als »Zopf-Schulz« in die Geschichte eingegangen. Er betrat, wie Hettner schreibt, »im Gegensatz zu der herrschenden Meinung der Geistlichkeit, daß die Perücke ein unerläßliches Erfordernis geistlicher Würde sei, [...] die Kanzel mit dem modischen Zopf und bestand trotz aller höheren Einsprache beharrlich auf dieser Neuerung«. Schulz forderte, daß der Staat die Gewissensfreiheit jedes Bürgers schützen müsse. Als Friedrich II. gestorben und das Wöllnersche Religionsedikt in Preußen in Kraft getreten war, setzte eine amtliche Untersuchung gegen Schulz ein, bei der er sich als Freigeist bekannte. So sagte Schulz, daß er die Notwendigkeit des Abendmahls weder glaube noch lehre. Schulz wurde amtsenthoben und Geschirrschreiber in der Berliner Porzellanmanufaktur. Während die Kirche in Schulz eine »Entartung« der Aufklärung sah, betrachtet ihn die marxistische Philosophie als vormarxistischen Materialisten, als »Prediger des Atheismus«. Schulz attackierte, wie Otto Finger schreibt, die Kirche mit »seiner am Vorbild der französischen Atheisten und Spinozas orientierten Kritik«.

Dagegen ist Brückner innerlich und äußerlich stets ein Mann der Kirche geblieben. In seiner gedruckten Predigt am ersten Advent ruft er seiner Gemeinde aufmunternd zu: »Rede getrost, wo es not ist, dir Wahrheit, damit Recht Recht bleibe. [...] die arge Welt wird verbittert werden, wenn du ihr ihren Aberglauben nehmen, ihre Mißbräuche und Unordnungen abschaffen willst. Aber zage nicht; auf dem rechten Weg ist Gott mit dir! Und wenn du auch vergeblich ums Gute arbeitetest; so hast du doch ums Gute gearbeitet und wirst zu seiner Zeit Segen und Heil ernten ohne Aufhören.« Und in der gleichen Predigt heißt es: »Wer wärst du wohl, wenn die Toren und schlechten Menschen mit dir zufrieden wären?“ Und in seiner Predigt am Gründonnerstag sagt Brückner über das Abendmahl: »Ach wir wollen alle einander lieben, wie Jesus uns geliebet hat; alle Feindschaft sei abgetan, alle Kränkung vergessen; die Sache des Armen, die Klage des Elenden, das Recht der Menschheit soll uns heilig wie die Ehre Jesu sein!«

Brückner schickte den ersten Band seiner gedruckten Predigten an den Buchhändler Friedrich Nicolai, der als Schriftsteller, Kritiker, Herausgeber und Verleger die Berliner Aufklärung repräsentierte und schrieb: »Sie werden finden, daß ich schon nicht wenig von dem Berlinischen Gift der Neologie eingesogen habe.« Die Neologie (»Neulehrerei«) war die zweite Phase der deutschen Aufklärungstheologie, die auf die Leibniz-Wolffsche Schule folgte und die Geschichte der kirchlichen Dogmen kritisch betrachtete. Das Haupt der Berliner Neologen war der Konsistorialrat Johann Joachim Spalding. Er und Brückner betonten das Gefühlsmäßige im Christentum. G. Lampe verweist darauf, daß in Brückners Dichtungen auch antiaufklärerische Momente wie die Bedeutung der Träume und das Erscheinen von Engeln enthalten sind. Brückner sei auch nicht mit in die dritte und letzte Phase der Aufklärungstheologie eingestiegen, in der »wie z. B. von dem Heidelberger H. E. G. Paulus die ganze Religion ausschließlich vom Intellekt abhängig gemacht wurde«.

Der aufklärerische Roman »Leben und Meinungen des Magisters Sebaldus Nothanker« von Nicolai hatte bei der orthodoxen Geistlichkeit viel Entrüstung ausgelöst, und gerade diesen Roman versuchte Brückner einer Lesegesellschaft von Pastoren zu empfehlen! Nicolais Romangestalt des Stauzius, dessen Vorbild der Hamburger Hauptpastor Goeze – der Kontrahent Lessings – war, ging in Brückners Epigramme ein. So heißt es im bereits erwähnten »Recept, einen Freigeist zu machen«: »Vor Freud' und vor Vernunft verwarn' ihn allermeist, / Und laß' ihn Stauze sehen, quantum satis [genügend viel]«. Eine erstarrte, kalte Amtskirche, die aus dem Christentum »ein schwergelehrt Compendium [Lehrbuch]« macht, produziert in Brückners Epigramm den Freigeist! Es läßt sich denken, daß Superintendent Keßler in Güstrow wissen wollte, wer mit dem »Stauz« gemeint sei. Möglicherweise fühlte er sich selbst getroffen. Brückner widersetzt sich einem in bloßem Glauben beschränkten Luthertum, wenn Doktor Stauzius seinen Kollegen erklärt, »daß oft die Ketzer [...] so tugendhaft, fast gottesfürchtig leben; wodurch [...] manch unbewahrt Gemüt vom Glauben ab ins Netz der guten Werke« gezogen werde, und Doktor Stauzius erklärt das für »des Satanas infamste List«. Brückner fragt: »Wo sind denn die Täter des Worts?«, nachdem er festgestellt hat: »Die christliche Gemeine dieses Orts / Besteht aus Lehrern / Und aus Zuhörern.«

Während des Studiums in Halle hatte zu Brückners Lehrern Professor Johann Salomo Semler, der bedeutendste Vertreter der Neologie, gehört. Dessen Vorbild folgend, versuchte Brückner in Mecklenburg »die Concordienformel [Eintrachtsformel] zu beseitigen, jenen starren Grenzwall, den die altlutherische Orthodoxie gegen äußere und innere Feinde aufgerichtet hatte, und dessen Vernichtung eine der wichtigsten Aufgaben der ganzen aufklärerischen Theologie war«, wie G. Lampe schreibt.

Intoleranz und Glaubenskriege waren für Brückner verabscheuungswürdig. Toleranz war für ihn kein bloßes Lippenbekenntnis. Er übte sie auch im Alltag, als er einem begabten, aber armen Juden in Berlin Unterkunft zur Vorbereitung auf ein Studium verschaffte.

Die Gesellschaftskritik Brückners war radikal, wenn es gegen den Landadel, den Menschenhandel der Fürsten, bestechliche Richter und korrupte Geistlichkeit ging. In der Ode »An Klopstock« heißt es: »Da sitzen in dunstigen Hütten die Sklaven / Sehn aus wie Menschen, heißen Christen / Und rasseln mit ihren Ketten im dunkelsten Todesschatten!«

Brückner zeigte nie nationalen Überschwang. Einige Epigramme richteten sich aber gegen Wieland, der bei den Hainbündlern als Verbreiter »französischen Wesens« in Deutschland galt, so: »Die Muse Sions stieß ihn aus, / Voll Rach und Brunst den heißen Busen, / Geriet er in ein H[uren]-Haus / Und sah die Metzen an für Musen.«

Unter dem Titel »De verlopene Amor« übersetzte Brückner Verse

des altgriechischen Idyllendichters Moschos in die mecklenburgische Mundart. Plattdeutsch spricht auch der »Niedersachse« im Epigramm »Landesart«:
»Der Obersachse: / Nur einen Kuß von ihr, Citherens holder Sohn! / Mit Freuden will ich dann ins Reich des Todes sinken!
Der Niedersachse: / Ik will mi leewer so behelpen dohn, / Un äten minen Schinken.«

Eine Freundschaft um Johann Heinrich Voß
Aufschlußreicher Briefwechsel zwischen Heinrich Alexander Stoll und Siegfried Heuer

Der Schriftsteller H. A. Stoll hat drei deutsche Persönlichkeiten von Weltgeltung zu den Hauptpersonen umfangreicher, vielgelesener Romane gemacht:

- Johann Joachim Winckelmann (1717–68), den Begründer der wissenschaftlichen Archäologie und antiken Kunstgeschichte, im Roman »Tod in Triest« (1969)
- Voß (1751–1826) vor allem als Homer-Übersetzer, im Roman »Johann Heinrich Voß« (1. Teil »Der Junge aus Penzlin« 1962, 2. Teil »Der Löwe von Eutin« 1966)
- Heinrich Schliemann (1822–90), den in Neubukow in Mecklenburg-Schwerin geborenen Archäologen, der seine Kindheit in Ankershagen verlebte und in den siebziger und achtziger Jahren des vorigen Jahrhunderts mit seinen Ausgrabungen, vor allem von Troja, auf den Spuren Homers für Schlagzeilen sorgte. Stolls Roman heißt »Der Traum von Troja« und erschien 1956.

Einem eifrigen italienischen Journalisten antwortete Stoll einmal in bezug auf seine Lebensgeschichte: »Ich bin am 8. Dezember 1910 in dem Ihnen unbekannten Lande Mecklenburg geboren und lebe noch. Das genügt als Biographie.« Hinzuzufügen wäre aber wenigstens noch: Geburtsort Parchim – Vater mittlerer Beamter – Studium der Theologie und (nebenamtlich) Staatsrecht, Völkerrecht, Botanik, Psychiatrie, Psychologie, Musikgeschichte, Kunstgeschichte, Archäologie, Geschichte – danach Vikar (Hilfspfarrer) in Perlin in Mecklenburg, in dessen Pfarrhaus der kleinbürgerliche humoristisch-idyllische Dichter Heinrich Seidel 1842 das Licht der Welt erblickt hatte – Konflikt mit der Gestapo und einem nazistischen Oberkirchenrat, der ihn für ein Jahr in den Arbeitsdienst schicken will – Rettung aus dieser Not durch die Leitung der Bekennenden Kirche, speziell durch den späteren Landesbischof D. Dr. Beste – Helfer bei diesem »D. D.« in Neubukow – Rede- und Druckverbot, das aber von Reclam und wenigen anderen Verlagen ignoriert wurde.

Das erste Buch Stolls war 1936 die Biographie des Mecklenburger Theologen Theodor Friedrich Dethlof Kliefoth, der nicht nur als »Regenerator des mecklenburgischen Kirchenwesens nach den Verwüstungen der rationalistischen Zeit« galt, sondern auch während des sogenannten Kulturkampfes in Preußen aktiv »gegen die Einmischung des Staates in das innerkirchliche Leben« eintrat. Stolls Kliefoth-Biographie stärkte den antifaschistischen Widerstand der Bekennenden Kirche.

1937 emigrierte Stoll. Die Aufenthaltsländer hießen Dänemark, Holland, Schweiz und Italien. Er arbeitete für Schweizer Zeitungen, und in Rom machte er nähere Bekanntschaft mit der Archäologie.

1943 wird Stoll in eine Strafeinheit der faschistischen Wehrmacht gepreßt, es folgen Verwundung, später sowjetische Kriegsgefangenschaft. In Stolls Papieren stand Rom als Wohnort. »Ich wollte gar nicht nach Rom, sondern zu meinen Großeltern, die in Mecklenburg lebten«, schreibt Stoll.

Nun begann die Zeit des Neuanfangs und des Tatendrangs, »eine elend schwere, doch schöne Zeit«. Für Stoll hieß das ganz konkret: Gründung von Ortsgruppen des Kulturbundes in Parchim, Lübz, Goldberg und Plau – Vorträge ohne Honorar, auch Neulandverteilung an ehemalige Tagelöhner.

In den fünfziger Jahren beginnt Stoll das unermüdliche Schreiben. Er hält Kontakt zu den Werktätigen, auch zu den regionalen Forschern. Einer von diesen ist Siegfried Heuer, jünger als Stoll, Jahrgang 1927, Neulehrer und Stadtrat für Kultur und Volksbildung in Penzlin. Beide treffen sich erstmals im Mai 1956, Stoll als lesender Dichter im Kulturhaus, Heuer als Organisator. Und beide führen in Heuers Wohnung ein angeregtes Nachtgespräch, aus dem sich eine jahrelange Freundschaft entwickelt.

Optimismus und Bravour sprechen aus dem ersten Brief Stolls vom 10. Juni 1956 an Heuer. Die Penzliner haben dem Dichter gefallen. Daß nicht ganz Penzlin bei der Lesung anwesend war, entschuldigt Stoll humorvoll: »... bei solchen Dingen ist es wie beim seligen Kathreiner [Malzkaffee] – der Gehalt macht's!«

In einem späteren Brief beschreibt Stoll, wie er zur Lesung in die Maschinen-Traktoren-Station Puchow bestellt, aber nicht abgeholt wurde: »Kurz hinter Penzlin überholte mich ein fast leeres Auto, das aber kein Interesse an der wandelnden Literatur des Landes hatte. Sonst gabs nur Radfahrer und einen Kartoffelwagen in falscher Richtung. Ein wenig vor Möllenhagen kam dann wieder ein PKW hinter mir her und nahm mich sogar mit. Leider fuhr er bloß bis Möllenhagen. So stieg ich nach paarhundert Metern wieder aus und hatschte unverdrossen weiter«. Dieser Unverdrossenheit, einem Lieferwagen und einem Taxi waren es zu verdanken, daß die Lesung doch noch zustande kam.

Stoll bearbeitete Sagen literarisch und durchforschte die Archive, wobei er in Schwerin mehr als 70 Originalbriefe Schliemanns an seinen Neustrelitzer Schulfreund Rust fand. Diese Briefe und Schliemanns Tagebücher wurden die Grundlage eines Buches von 1958: »Heinrich Schliemann. Abenteuer meines Lebens«. Heuer schreibt in seinen »Erinnerungen an Heinrich Alexander Stoll«: »Er gehörte nicht zu den Schriftstellern, die ein Thema als beendet betrachten, wenn das Manuskript bestätigt beim Verlag lag. Immer wieder bemühte er sich darum, seinen literarischen Vorbildern neue Seiten abzugewinnen, sein Verständnis für sie zu vertiefen.«

Stoll war wissenschaftlicher Mitarbeiter des Deutschen Archäologischen Instituts zu Berlin und des Gennadion-Instituts in Athen. Über die Ergebnisse seiner archäologischen Untersuchungen auf dem Kratzeburger Burgwall schrieb er an Heuer: »Wenn ich denke, daß ich als mit den örtlichen Gegebenheiten Unbekannter schon allerhand hochinteressante Entdeckungen machte, sollte man ja annehmen, daß bei genauerem Nachsuchen sehr viel Material zutage kommen müßte; auf dem Burgwall fand ich eine Fülle prächtigster bronzezeitlicher Scherben und Steinwerkzeuge.«

Stolls Enthusiasmus förderte zahlreiche regionalgeschichtliche Details zutage, die seinen historischen Romanen zugute kamen. So fahndete er nach den Nachkommen jener Familien, die schon zu Schliemanns Zeiten in Ankershagen gewohnt hatten, und er entdeckte dort im Stamm der Linde vor dem Pfarrhaus die Narben der Initialen »H. S.«, die einst Schliemann als Knabe mit einem Beil in die Rinde geschlagen hatte. In bezug auf Vervollständigung des Heimatmuseums von Penzlin riet er Heuer: »Natürlich genügt es nicht, bloß im Druck zu mahnen – man muß schon von Haus zu Haus gehen«. Die ganz besonderen Tips gab er aber nur mündlich.

Um die literarische Bearbeitung des Lebensweges des Dichters Johann Heinrich Voß entspann sich zwischen Stoll und Heuer eine Art Wettlauf. »Nützen Sie nur Ihr Vorfahrtsrecht aus!« schreibt Stoll am 21. Januar 1958 an Heuer, als dessen historische Novelle schon weit gediehen war. Und er kritisiert: »Warum behaupten Sie S. 22 unten, daß Joh. Heinrich der ›jüngste‹ Sohn ist? Er war so sehr der älteste, daß er ein Jahr vor der Hochzeit zur Welt kam!« Und sarkastisch fügte er für den poetischen Anfänger hinzu: »Jaja, armer Herr Heuer – da will man einem Menschen eine Freude machen und muß sich noch dafür anmeckern lassen! Aber warum soll ich meine abweichenden Meinungen für mich behalten?« Und Heuer ermahnt an anderer Stelle den Dichterfreund mit dessen eigenen Worten: »Ein Schriftsteller muß warten können«. Das war, als sich Stoll beklagte, weil die von ihm literarisch bearbeiteten Sagen der Penzliner Region nicht gedruckt wurden…

Heuer sah in seinem »Voß« ein Lernstück, das seiner Arbeit als Pädagoge nützlich war. Lag ihm doch auch später als Direktor der Johann-Heinrich-Voß-Oberschule in Penzlin die lebendige Erbepflege ganz besonders am Herzen. Er lieferte, obwohl sein eigenes Opus nicht gedruckt wurde, weiter Voß-Dokumente an Stoll, die dieser »mit Vergnügen« in seine Mappen einordnete.

In einem der letzten Briefe Stolls an Heuer heißt es: »Ich komme aller Voraussicht nach über Ostern auf 5–6 Tage zum Ausruhen nach Ankershagen. Können Sie da nicht mal Ihre grüne Giftspinne satteln u[nd] gen Ankershagen brausen (Vorsicht! Schlaglöcher!)?« Die empfohlene Motorradfahrt war ein Angebot Stolls, noch einmal über Heuers »Voß« zu sprechen. Stoll empfahl seinem Freund den Verlag »Neues Leben«; denn er hielt von Berliner Verlagen mehr als von mecklenburgischen. In einem Brief heißt es über letztere: »Entweder haben diese Herren keinen Mumm oder sie haben kein Papier oder sie haben beides nicht und ziehen Sie jahrelang an der Nase herum, und wenn Sie dann endlich die Geduld verlieren, sind inzwischen in anderen Verlagen 23 Bücher über Voß erschienen, und Sie haben sämtliche verfügbaren Busse verpaßt«.

Im Sommer 1958 siedelte Stoll von Parchim nach Thyrow in der Mark über. Eine Annonce in der »Wochenpost« hatte ihm den Weg gewiesen. Schon zwei Jahre vorher hatte der Schriftsteller seinem Freund Heuer anvertraut, daß er »ein Haus kaufen will, das ihm eine ungestörte Arbeit ermöglicht, zu der es in einer geräuschvollen Mietwohnung nur mit Mühe kommen will«.

Im großen Garten von Stolls Haus in Thyrow steht eine Hemlocktanne, und der Gartenzaun ist blau-gelb-rot angestrichen. Das sind die Farben Mecklenburgs inmitten märkischer Landschaft. Stoll nannte sein Haus »Ithaka« – nach der griechischen Insel, auf der der »vielgewanderte« und »vielerfahrene« Odysseus zu Hause gewesen sein soll.

Stoll hat sich als »eingefleischten Mecklenburger« bezeichnet und seine enge Heimatverbundenheit auch bei der Wahl seiner literarischen Stoffe betont. Im Mai 1962 schickte er ein Exemplar vom ersten Teil seines Voß-Romans an den Rat der Stadt Penzlin und schrieb in der Widmung: »Ich hoffe, Sie haben etwas Freude daran, daß Penzlin, uns allen Mecklenburgern liebes ›Punschendörp‹ zwei Menschenalter nach Ihres Bürgermeisters Piper Schrift wieder in die deutsche Literatur Einzug hält.« Den trinkfreudigen Spitznamen für Penzlin leitet Stoll aus der Tatsache ab, daß in der kleinen Stadt, in der Vater Voß Gastwirt war, auf etwa 1 200 Einwohner 4 Gastwirte, 15 Branntweinbrenner und 7 Brauer kamen. Otto Piper, 1841 in Röckwitz bei Stavenhagen geboren, war 1879–89 Bürgermeister in Penzlin. Er, der später in München lebte, hat Bücher zur Burgenkunde geschrieben und ging als »Burgen-Piper« in die Geschichte der Achäologie ein. 1898 entstand seine kleine plattdeutsche Erzählung »Ut ne lütt Stadt« über Penzlin.

Heuer schreibt: »Hin und wieder finden wir in Stolls Büchern einige Hinweise zur eigenen Familiengeschichte. So in den (Schildbürger-)Geschichten ›Noch lebt der Hecht‹ (1962). Er nennt dort seinen ›Vorfahren väterlicherseits, Nikolaus Stoll, der Anno 1376 Bürgermeister der Stadt Teterow war‹. In der historischen Erzählung ›Rebellion um Leveke‹ (1955) wird mitgeteilt, daß ›mehrere Vorfahren des Verfassers an dem Geschehen [in Parchim] beteiligt waren‹.«

Von Heuer wird Stoll als »behäbig und humorvoll« charakterisiert. Er schreibt: »Heinrich Alexander Stoll legte für sich ein hohes tägliches Arbeitspensum fest. Er sprach von einem 16stündigen Arbeitstag [...]. In den letzten Jahren seines Aufenthalts in Parchim erhielt er täglich 10 bis 15 Briefe. Seine Briefschulden zum Jahreswechsel überstiegen die Zahl 100.« Trotzdem habe Stoll noch Zeit gefunden, die Bücher anderer Autoren zu lesen.

Siegfried Heuer erinnert sich, daß Heinrich Alexander Stoll Junggeselle war und dessen hochbetagte Mutter – eine kleine weißhaarige Frau – den gemeinsamen Haushalt führte und auch bei den Schriftstellerlesungen ihres Sohnes anwesend war. Sie starb einen Tag vor seinem 65. Geburtstag. Um die Gesundheit des Schriftstellers war es nicht mehr gut bestellt. Er starb am 4. März 1977 66jährig an Krebs in einem Potsdamer Krankenhaus und wurde auf dem Friedhof in Thyrow begraben.

Stoll hat mehr als 30 Bücher mit einer Gesamtauflage von etwa 3 Millionen Exemplaren geschrieben. Es gibt Übersetzungen in zahlreiche Fremdsprachen. Anerkennung und Ehrungen sind nicht ausgeblieben. Stoll, der sich als fortschrittlicher evangelisch-lutherischer Christ maßgeblich am kulturellen Wiederaufbau nach 1945 beteiligte, erhielt 1963 die Winckelmann-Medaille der Stadt Stendal und 1964 die Medaille der Sociétà di Minerva Triest. 1966 ehrte ihn Papst Paul VI. wegen seines schriftstellerischen Werkes mit der Päpstlichen Medaille Rerum Novarum.

Freundschaften sterben leicht an der Geographie. Der letzte Brief vom 3. 12. 1976 an Siegfried Heuer enthält bittere Töne. Leicht schleichen sich Mißverständnisse und Enttäuschungen ein … Schon im Schliemann-Roman »Der Traum von Troja« hatte Stoll seinen Helden sagen lassen: »Ich habe dem Großherzog von Schwerin einen Abguß meiner Heliosmetope für sein Museum angeboten: er hat nicht einmal geantwortet.« Aber eine echte Absage an Mecklenburg gab es weder bei Schliemann noch bei Stoll. Und im Roman »Johann Heinrich Voß« heißt ein Voß-Mitschüler Heuer – ein freundlich-verschmitztes Dankeschön an den Penzliner Freund.

»…mehr Helligkeit hätte Lüge bedeutet« Erinnerungen an Hans Fallada in Carwitz

Am 21. Juli 1933 erwarb Rudolf Ditzen, der sich als Schriftsteller Hans Fallada nannte, die Büdnerei Nr. 17 in Carwitz bei Feldberg. Zum Anwesen gehörten Stallungen, Bienenhaus, Garten und sechseinhalb Morgen Land. Hier, zwischen riesigen Seen und Wäldern, hoffte Ditzen für sich und seine Familie auf Ruhe und Frieden, auf ein von den Nazis unbehelligtes Leben und Schaffen. Er schrieb: »Toteneinsamkeit. Das Ende der Welt.«

Riesige Seen und der hohe Himmel bestimmen die Landschaft. Und die Stille klang noch lange in mir nach, als ich 1981 auf dem alten verträumten Friedhof am Schmalen Luzin zu den Gräbern von Falladas Mutter und seiner Tochter »Mücke« hinabstieg…

1977 wurde das Haus Falladas in Carwitz Gedenkstätte. Der Kinderbuchverlag Berlin betreut die kleine Ausstellung und hat hier sein Ferienheim. Die Eröffnung der Gedenkstätte ist nicht zuletzt das Verdienst des Biographen Hans Falladas, Dr. Tom Crepon. Frau Hermine Stolt führt die Besucher in das rekonstruierte Arbeitszimmer Hans Falladas mit Möbeln, Büchern, Bildern, Schallplatten und einem großen Kaktus – alles aus Falladas Besitz. Der Schreibtisch mit der alten Mercedes-Schreibmaschine erinnert an den ehemaligen Adressenschreiber und an den fleißigen Schriftsteller Hans

Fallada: »[…] eine Schreibmaschine ist eine Hoffnung, mit einer Schreibmaschine kann man sich durchs Leben schlagen, sie ist ein Wechsel auf die Zukunft […]«

Wir sehen Fotos: Fallada als Schachspieler, Fallada mit seinen Kindern. Dekorative Illustrationen zu »Fridolin, der freche Dachs« sind Ergebnis der Winterakademie, die Frau Professor Meyer-Dannewitz mit Kunststudenten aus Leipzig und begabten Schülern der Hans-Fallada-Oberschule Feldberg durchführt. Die Hans-Fallada-Gedenkstätte in Carwitz ist täglich außer dienstags von 14 bis 16 Uhr geöffnet. Am 6. Februar 1981 wurde das Hans-Fallada-Haus (mit Archiv) in Feldberg eingeweiht.

Im Leben des Dichters gab es soviel Abenteuerliches, Widersprüchliches und Tragisches. Zu Beginn der Anamnese (Krankenvorgeschichte) von Rudolf Ditzen, der am 21. Juli 1893 in Greifswald geboren wurde, steht 1909 ein schweres Schädel-Hirn-Trauma, das er sich bei einem Verkehrsunfall mit dem Fahrrad zuzog, einen Tag vor der Aufnahmeprüfung für das Königin-Carola-Gymnasium in Leipzig. (In seinen Jugenderinnerungen steht es anders.) Als Gymnasiast überlebt er 1911 in Rudolstadt, lebensgefährlich verletzt, eine Schülertragödie mit Versuch eines Doppelselbstmordes in Form eines Scheinduells, bei dem er seinen Freund Hanns Dietrich von Necker erschießt. Professor Binswanger, Jena, diagnostiziert in seinem ausführlichen Gutachten »Gemütsdepression mit ausgesprochenen Zwangsvorstellungen«.

Im weiteren Lebensweg Ditzens folgen Aufenthalte in Nervenkliniken und Gefängnissen. Unmäßigkeit kennzeichnet Ditzen in bezug auf Genußmittel: Nikotin (mitunter 120–200 Zigaretten täglich!), Koffein, Alkohol. Und er wird Morphinist und abhängig von Schlafmitteln. Mit 35 Jahren ist er ohne Schulabschluß und ohne Beruf. 1924 verbüßte er im Greifswalder Gefängnis Domstraße 6/7 – unweit der ehemaligen Wirkungsstätte seines Vaters, der es immerhin zum Reichsgerichtsrat brachte – seine erste Gefängnisstrafe. Das Delikt hieß Unterschlagung, und Ditzen war Selbststeller. Ab 1926 verbüßte Ditzen seine zweite Gefängnisstrafe – wiederum als Selbststeller und wegen Unterschlagung – in Neumünster, wo er 1928 Annoncenwerber und Lokalredakteur am dortigen

»General-Anzeiger« wird, der im K.-H.-Berthold-Verlag erschien. Im Redaktionsspätdienst der Zeitung fallen Ditzen durch Zufall Spendenlisten der Holsteinischen Wirtschaftspartei in die Hände, die Karl-Heinz Berthold der Unterschlagung überführen. Ditzen bootet den Chef aus und tritt an seine Stelle. Gleichzeitig wird er Leiter des neugegründeten Verkehrsbüros mit einer riesigen Litfaßsäule zu Touristenwerbezwecken. 1928 hatte er seine spätere Frau, Anna Issel, in Hamburg kennengelernt und dort 1929 geheiratet. Von nun an ist Anna Ditzen Hans Falladas guter Stern! Die Restbestände der Romane »Der junge Goedeschal« (1920) und »Anton und Gerda« (1923) werden im Einverständnis mit Verleger Ernst Rowohlt eingestampft. Aus dem Versager Ditzen wird der weltberühmte Schriftsteller Fallada.

Der erste Erfolgsroman Falladas ist »Bauern, Bonzen und Bomben« (1931). Im Spätherbst 1929 konnte Ditzen auf der Pressebank den »Landvolkprozeß« in Neumünster verfolgen. Über seine Stellung zu den Auseinandersetzungen zwischen Bauern und Polizei in Schleswig-Holstein hatte er geschrieben: »Ich sitze tatsächlich zwischen zwei Stühlen, bin vormittags gegen die Polizei und für Bürgertum und Bauern und nachmittags umgekehrt.« 1930 war Ditzen Angestellter des Rowohlt-Verlages in Berlin geworden und hatte die Arbeit am Roman begonnen. Am 15. Januar war der Umzug nach Berlin, am 5. August der Umzug nach Neuenhagen bei Berlin erfolgt, wo Ditzen 1931 ein Haus kaufte.

Das Buch »Kleiner Mann – was nun?« (1932) wurde ein Welterfolg. 1933 erfolgten der Umzug nach Berkenbrück bei Fürstenwalde, wo Ditzen von der SA für elf Tage verhaftet wurde, und die Übersiedlung nach Carwitz. Der Roman »Wer einmal aus dem Blechnapf frißt« (1934) wird von der Nazipresse auf das heftigste angegriffen.

In Carwitz entstanden u. a.: »Das Märchen vom Stadtschreiber, der aufs Land flog« (1935), »Altes Herz geht auf die Reise« (1936), die Kindererzählungen »Hoppelpoppel, wo bist du?« (1936), »Wolf unter Wölfen« (1937), »Der eiserne Gustav« (1938), die Kindererzählungen »Geschichten aus der Murkelei« (1938), »Kleiner Mann, großer Mann – alles vertauscht« (1939),

»Der ungeliebte Mann« (1940), »Ein Mann will hinauf« (1941), »Damals bei uns daheim« (1942), »Zwei zarte Lämmchen, weiß wie Schnee« (1942), »Die Stunde eh du schlafen gehst« (1942), »Heute bei uns zu Haus« (1943), »Der Jungherr von Strammin« (1943).

1934 besuchten Martha Dodd, die Tochter des amerikanischen Botschafters in Deutschland, und die ehemalige amerikanische Dozentin für Literaturgeschichte Dr. Mildred Harnack-Fish den Schriftsteller in Carwitz. Fallada übersetzte 1936 und 1937 auf Anregung seiner Tante Adalaide zwei Familienromane des Amerikaners Clarence Day ins Deutsche. Er emigrierte nicht. Zuflucht bieten ihm Kliniken und Sanatorien, so das »Heidehaus« seines Freundes Dr. Willi Burlage in Berlin-Zepernick, der ein ehemaliger Schulkamerad Ditzens ist. Illustrierte Zeitschriften bringen Fallada-Idyllen aus Carwitz.

1938 wurde hier der UFA-Film »Altes Herz geht auf die Reise« gedreht. 1939 erhielt Fallada den Auftrag für ein Drehbuch zu einem Zarah-Leander-Film. Der Roman »Der eiserne Gustav« hat einen Nazi-Schluß, weil er, angeregt von Propagandaminister Goebbels, als Vorlage für einen staatsdienlichen Film (der Tobis-Klang-Film-Gesellschaft, Emil Jannings in der Hauptrolle) gedacht war. 1944 schreibt Ditzen dazu: »Ich liebe nicht die hohe Geste, vor Tyrannenthronen mich sinnlos, niemandem zum Nutzen, meinen Kindern zum Schaden, abschlachten zu lassen, – das liegt mir nicht.« Goebbels hatte gedroht: »Wenn Fallada heute noch nicht weiß, wie er zur Partei steht, so weiß die Partei, wie sie zu Fallada steht.« Der »Gustav«-Film kam durch das Goebbels konternde Veto des nationalsozialistischen Chefideologen Dr. Alfred Rosenberg nicht zustande. Ein Glück für das Ansehen Falladas.

1943 reiste Ditzen als Sonderführer im Majorsrang und berechtigt, Zivil zu tragen, mit dem Reichsarbeitsdienst zweimal nach Frankreich (und Spanien). 1944 wurde Ditzen in die Landesanstalt Strelitz zwangseingewiesen. Hier entstand das »Trinker-Manuskript«, das neben dem Roman eine Erklärung zum Nazi-Schluß des »Eisernen Gustavs«, den Bericht »Ostern 1933 mit der SA« u. a. enthält. Offiziell, für die Augen der Bewacher, arbeitete Fallada stets an dem am 28. November 1944 abgeschlossenen »Kutisker-Manuskript«, von dem sich das Propaganda-Ministerium eine gehörige Portion Antisemitismus versprach. Außerdem entstand »für Mücke eine Dachsgeschichte zu Weihnacht«. – Als der Roman »Der Trinker« 1950 erschien – nach der Meinung von Johannes R. Becher »ein ganz und gar unnötiges, schädliches und widerwärtiges Buch» – gab es sehr konträre Diskussionen. Falladas Aufsatz »Osterfest 1933 mit der SA« wurde bereits 1945 in der Täglichen Rundschau gedruckt. –

Obwohl Ditzen seiner Frau als »Lämmchen« und »Suse« ein bleibendes literarisches Denkmal gesetzt hat, läßt er sich 1944 von ihr scheiden. Am 1. Februar 1945 heiratet er die junge Ursula Losch. Von Mai bis August 1945 ist Rudolf Ditzen Bürgermeister in Feldberg. Der Schriftsteller schrieb Polizeiberichte, Vernehmungsprotokolle und Statistiken für die sowjetische Kommandatur. Aber wieder unterliegt er dem Morphium. Und dennoch findet er im November 1945 in Berlin einen Neuanfang. Johannes R. Becher läßt ihn suchen und wird ihm Beschützer und Freund. Im Roman »Der Alpdruck« (1947), der sich wie ein Tatsachenbericht liest, sind tiefste Resignation, aber auch Hoffnung und heiß aufkeimende Freude, daß endlich endlich Friede ist, aufgezeichnet. Das letze Buch Falladas heißt: »Jeder stirbt für sich allein« (1947). Hier findet sich Neues: Wir erleben den isolierten Widerstandskampf des Ehepaares Quangel gegen die Hitlermaschinerie, die unmenschlichen Quälereien durch die Gestapo, den erschütternden Kampf des »guten Pastors« Friedrich Lorenz, das Sausen des Fallbeiles, »das bis in die Sterne, bis vor Gottes Thron zu hören sein mußte«, den stillen, lange Zeit verborgen gehaltenen Gottesglauben Anna Quangels, der ihr im Gefängnis Kraft gibt und sie gütig sein läßt.

Mit diesem Buch wurde Fallada, der selbst kein aktiver Widerstandskämpfer war, zum Ankläger. Er schreibt im Vorwort: »Es hat dem Verfasser oft nicht gefallen, ein so düsteres Gemälde zu entwerfen, aber mehr Helligkeit hätte Lüge bedeutet.« Hans Fallada starb am 5. Februar 1947.

»Ein langes Leben hat viel in sich«
Der Weg Anna Ditzens, der Witwe Hans Falladas

In seinem Erinnerungsbuch »Heute bei uns zu Haus« schreibt Hans Fallada: »Ich trällerte die fünf Treppen hinunter mit meinem Köfferchen, aber unten auf dem Gang sauste mich ein großes, helles, blondes Mädchen fast über den Haufen«. Das »große, helle, blonde Mädchen« ist Anna Issel. Und die Begegnung findet Mitte Oktober 1928 statt, während der letzten Hamburger Tage Rudolf Ditzens als Adressenschreiber, unmittelbar vor seinem Neuanfang als Annoncenwerber und Lokalredakteur am »General-Anzeiger« in Neumünster.

Anna Issel wurde am 12. März 1901 im damaligen Geestemünde (jetzt Wesermünde) geboren. Sie ist das vierte von fünf Kindern. Die berufliche Tätigkeit des Vaters – gelernter Bäcker, später Ortskrankenkassen-Angestellter – und seine Funktionen in der SPD bringen für die Familie einen häufigen Ortswechsel mit sich. So kommt Anna sechsjährig nach Hamburg, das ihre Heimatstadt wird. Für die höhere Schule reicht das Geld nicht aus. Ab 1916 lernt Anna im Damenputz-Großhandel und ist in diesem Fach insgesamt dreizehn Jahre tätig.

Dann kommt die Zeit mit Rudolf Ditzen, der mit Annas Bruder befreundet ist und 1928 kurze Zeit zur Untermiete in Annas Zimmer wohnt. Als Anna verfrüht von einer Kur aus Bad Wildungen zurückkommt, ereignet sich das, was die 81jährige Anna Ditzen und auch Hans Fallada in seinem Erinnerungsbuch »Liebe auf den ersten Blick« nennen. Anna erzählt: Da der junge Ditzen mit ihrem Bruder befreundet war, hatte er immer wieder einen Grund, von Neumünster nach Hamburg herüber zu kommen. Er kommt an den Wochenenden, insgesamt sind es dreizehn Tage, und am 2. Weihnachtstag 1928 verloben sich beide. Schon vorher hat Annas Mutter, als sich etwas »zusammenspann«, gewarnt: »Das kann nicht gutgehen. Sein Vater ist Reichsgerichtsrat.« Die Mutter fürchtet die großen sozialen Unterschiede. Und sie kann erst recht nicht schlafen, als Anna und Rudolf nachts an ihr Bett treten, um die Verlobung mitzuteilen. Und tatsächlich sind die Sorgen nicht unbegründet. Einerseits hat Ditzen bereits Gefängnisaufenthalte in Greifswald und Neumünster hinter sich. Andererseits trug sein Vater zum Zeichen, daß er eines der höchsten Richterämter in Deutschland inne hatte, die rote Robe. Der Vater ist allerdings seit 1918 pensioniert. –

Ditzen arbeitet bei einem Zeitungsblättchen, das im Sterben lag, und so manches Mal sind ein Bückling und ein halber Liter Milch seine tägliche Hauptmahlzeit. Aber die Liebe zu Anna stärkt Ditzens Selbstbewußtsein.

Geheiratet wird am 5. Juni 1929 in Hamburg nur standesamtlich. Anna trug ihr geliebtes helles Kashakleid (ganz feiner Wollstoff mit Streifen). Beim damals üblichen Aufgebot ist Anna ein Lapsus unterlaufen. Sie hat aus Rudolf eine Art Chefredakteur gemacht, während er Schriftsteller genannt werden will; waren doch bereits von ihm 1920 und 1923 zwei Romane erschienen, die sich allerdings schlecht verkaufen ließen.

Nach der dreitägigen Hochzeitsreise nach Berlin arbeitet Anna Ditzen nur noch acht Tage in Hamburg. Durch eine Angina war ein Nierenleiden erneut aufgeflammt, und Anna übersiedelte zu ihrem Mann. Rudolf hatte gesagt: »Jetzt kommst du zu mir nach Neumünster, kranksein kannst du auch bei mir.«

Vier Kinder hat Anna geboren: Ulrich (Uli, »Murkel«) am 14. März 1930, Zwillinge am 18. Juli 1933, von denen nur Lore (»Mücke«) am Leben bleibt, und Achim am 3. April 1940.

Die Zwillingsgeburt erfolgte nach einer nervenaufreibenden Odyssee, die nach der Verhaftung Rudolf Ditzens Ostersonntag 1933 durch die SA in Berkenbrück begann und für Anna in einem Berliner Krankenhaus endete. Gegen Ende der Schwangerschaft hatten sich Komplikationen eingestellt, nach der Geburt eine Thrombose.

Als Rudolph Ditzen nach dem toten Kind fragt und die Sektion wünscht, antwortet ihm ein Arzt: »Seien Sie unbesorgt, Herr Ditzen, Ihr Töchterchen liegt schon auf Eis.« Ditzen befreit sich von der tiefen Depression durch seinen Roman »Wir hatten mal ein Kind« (1934). Modell für den Helden des Buches, Johannes Gäntschow, war – wenigstens teilweise – sein lebenslanger pommerscher Freund Johannes Kagelmacher, der ein überaus eigenwilliger Bauer und Sterndeuter war. Er hat das kleine Gut Strellin bei Greifswald bewirtschaftet und später, nach jahrelangem Umherwandern, den von den Eltern geerbten Hof in Gudderitz auf Rügen. Kagelmacher verschmähte es nicht, sozial Gestrauchelte, denen er stets volles Vertrauen schenkte, zu beschäftigen. Bereits 1916 hatten sich Ditzen und Kagelmacher in Leipzig kennengelernt. Ditzen war dort Assistent der Stettiner Landwirtschaftskammer für Pommern in Stettin, und Kagelmacher hatte ihm Saatgut vorgestellt. Ditzen wurde wissenschaftlicher Mitarbeiter bei der Kartoffelanbaugesellschaft Berlin und war Rendant (Rechnungsführer) auf verschiedenen Gütern. Vor und nach seiner Haft in Greifswald arbeitete er in dieser Eigenschaft bei Kagelmacher in Gudderitz, wo er sich »zu Haus« fühlte. Als Kagelmacher völlig verarmt war, weilte er einige Monate bei Ditzen in Carwitz.

Hier ist Anna die tatkräftige Gefährtin des Dichters Hans Fallada und des Landwirts Rudolf Ditzen. Sie liest für ihren Mann Korrekturen. Das war für sie »niemals Arbeit«. Und sie kocht gut. Trotzdem ißt Ditzen auch gern einmal in Gaststätten, »im Krug«, wo er mit allen über alles redet. Mitunter sitzt er auch in der Bahnhofsgaststätte in Feldberg. Und von dort soll über die Ehe der Ditzens die Katastrophe kommen. Denn hier sieht er zum ersten Mal Ulla Losch, jene Frau, die ganz anders ist als Anna, jung, von weicher Gemütsart und morphiumsüchtig.

Anna erzählt, die Ehescheidung in Neustrelitz am 5. Juli 1944 sei »im Einvernehmen« erfolgt, aber sie habe »furchtbar geheult«. Nun beginnt für Anna die Zeit ohne Rudolf Ditzen. Sie steht mit der Landwirtschaft allein da: »Ich war ein Zwergbetrieb mit einem Hektar bewirtschafteter Fläche.« Sie ist Selbstversorger und muß abliefern. Rudolf Ditzen lebt mit seiner zweiten Frau im nahen Feldberg und ist dort von Mai bis August 1945 Bürgermeister.

Nach der Scheidung wollte Ditzen wieder zu »seiner Suse« zurückkehren. Sie lehnte aber ab. Sie spricht von einer Charakteränderung, die er durchgemacht habe, und sagt: »Er hätte sich nicht ändern können und ich auch nicht.«

Vor seinem Tod hat Anna ihren geschiedenen Mann mehrfach wiedergesehen, und zwar in seiner Wohnung im Eisenmengerweg 19 in Berlin-Niederschönhausen. Sie hatte ihm die Söhne Achim und Uli gebracht, Uli zuerst, weil der in Berlin zur Schule gehen sollte. »Zu den Kindern war er immer gut«, sagt Anna. Es muß bitter für sie gewesen sein, wenn Ditzens zweite Frau zu ihr nach Carwitz kam, um Sachen zu holen. Noch war ja Hans Falladas gesamte Bibliothek in Carwitz. Und was dann folgte, war nicht minder bitter: ein neunjähriger Kampf um den Fallada-Nachlaß. 1951 starben in Carwitz 17jährig Tochter Lore (an Blutvergiftung bei Mandelentzündung) und 83jährig Elisabeth Ditzen, die Mutter Rudolf Ditzens, die sieben Jahre bei Anna lebte. Am 13. November 1981 holte Anna die Urne Rudolf Ditzens von Berlin-Pankow nach Carwitz, wo diese auf einer neu errichteten großen Grabstätte feierlich beigesetzt wurde. Der alte Friedhof am Luzinsee ist in einen Fallada-Park umgewandelt worden. (Warum nicht Fallada-Friedhof? Warum sind wir eigentlich so rücksichtslos im Umgang mit unseren alten Friedhöfen?) Es war eine bitter-triumphale Heimkehr des Schriftstellers Hans Fallada.

Aber Anna Ditzen beklagt sich nicht. Sie sagt lediglich: »Ein langes Leben hat viel in sich.« Sie will, daß in Biographien nur die Wahrheit geschrieben wird. So erzählt sie über den 28. August 1944, der zur Verhaftung Ditzens und zu seiner Unterbringung in der Landesanstalt Strelitz bis zum 13. Dezember 1944 führte: »Ich saß am Küchentisch und mir gegenüber Rudolf Ditzen, der mit seinem Tesching spielte. Hinter mir hantierte das Hausmädchen. Rudolf wollte mit mir stänkern, und je ruhiger ich blieb, umso gereizter wurde er. Da schoß er plötzlich eine Schrotladung in das Küchentischbein, um mich zu erschrecken. Da bin ich das erste Mal in meinem Leben so richtig wütend geworden. Ich riß ihm das Tesching weg, schlug ihm damit mehrmals eins über, rannte mit der Waffe hinaus an den See, er immer hinter mir her, und ich warf die Waffe in den See.« Anna war vor allem wütend, weil »wenn Rudolf gewackelt hätte«, das Mädchen zu Schaden gekommen wäre. Der geschiedene Ditzen lebte damals noch in Carwitz im Scheunenanbau im sogenannten Gärtnerzimmer.

Anna Ditzen sitzt mir als 81jährige große dunkelblonde Frau mit grau-blauen Augen und verarbeiteten Händen gegenüber. Sie spricht gern über den Mann Rudolf Ditzen, an den man nicht die Elle des gewöhnlichen Durchschnitts legen kann. Den Schriftsteller Fallada bezeichnet sie als Naturtalent, und sie nannte ihn einst »ihren Jungen«, und er nannte sie »Mummi«.

Annas Heim, das sie seit 1965 bewohnt, ist ein akkurates, kleines Holzhaus in Feldberg. Sie wollte nicht Museumsdirektor in Carwitz sein und machte lieber die siebenhundert Quadratmeter Ackerfläche um ihr Haus herum urbar und legte sich einen Garten an. In Annas großem Wohnzimmer dominieren neben den Büchern – vielen Büchern – die Pflanzen: Sommerkaktus und Weihnachtskakteen, Orchideen. Und auf dem Schreibtisch steht neben der Totenmaske Hans Falladas ein blühender Zweig. Die Totenmaske zeigt ein schmales, merkwürdig junges Gesicht ... An Hamburg erinnern Originalzeichnungen von Emil Nolde. Die Porträts Anna und Achim, Die Mücke, Sohn Uli, ein Frauenbildnis, das Anna »meine braune Madonna« nennt, wurden von Heini Häuser gemalt, einem Halbjuden. Es gehörte Mut dazu, ihm während der Nazizeit Aufträge zu erteilen.

Ihre eigene Entwicklung schätzt Anna Ditzen so ein: »Richtig geworden« sei sie erst durch Fallada, aber dann auch durch ihren freiwilligen Alleingang. Anna Ditzen hat ihre politische Heimat in der CDU gefunden. Ihr Vater war sein Leben lang aktiver Sozialdemokrat. Auch Rudolf Ditzen wurde 1928 Mitglied der SPD. Anna Ditzens Sorge um das literarische Erbe Hans Falladas hat ihr Anerkennungen und Ehrungen eingebracht. Sie ist Ehrenbürgerin der Stadt Feldberg und Trägerin der Johannes-R.-Becher-Medaille in Gold. Und sie war Stadtverordnete.

Anna bezeichnet sich als »absoluten Nachtmenschen«. Vor dem Einschlafen muß sie noch lesen. Und sie liest nicht gern Romane, sieht man von Fritz Reuter ab, sie bevorzugt Sachbücher, Tatsachenberichte und Lebensbilder. Und sie spricht gern Platt. »Wenn Frau Ditzen Plattdeutsch redet, klingt das immer so fein«, sagen die Feldberger.

Anna bezeichnet sich als »Heiden«. Sie wurde getauft, erhielt aber die Jugendweihe von der Sozialdemokratischen Partei. Es geht ihr wohl nicht viel anders als Hans Fallada, der im Januar 1946 an seinen Kritiker Felix Riemkasten schrieb: »Ich bin wahrhaftig schlimmer als ein Heide, ich glaube einfach gar nischt und finde nicht einmal, daß mir etwas fehlt.« In seinem letzten großen Buch »Jeder stirbt für sich allein« schreibt er über den Pastor Lorenz: »Dies war der Mann, auf den Hunderte von Gefangenen jeden Tag warteten, der einzige Freund, den sie in diesem Hause wußten, der noch eine Brücke zur Außenwelt war, dem sie ihre Sorgen und Nöte vortrugen und der half, soviel in seiner Macht stand, jedenfalls bei weitem mehr, als ihm gestattet war.«

Das ist ein Denkmal in doppelter Hinsicht; denn der Großvater Ditzens mütterlicherseits war der Pastor Emil Lorenz, der als Gefängnisgeistlicher 1872 in Lüneburg an der Schwindsucht starb – wie der Pastor im Roman, dessen Nachfolger als ein bei den Häftlingen unbeliebter Vertreter einer kalten Amtskirche dargestellt ist. In der Biographie Rudolf Ditzens werden Kirchenleute kaum lobend erwähnt, im Gegenteil: Da war der Pastor Schultze aus Lohma, der ihm 1913 in der Kirchengemeinde des Rittergutes Posterstein in Sachsen das Abendmahl verweigerte, weil Ditzen »Blut an seinen Händen« habe. Da war das fromme Hauswirtsehepaar Sponar, von dem Ditzen 1933 in Berkenbrück wegen einer »Verschwörung gegen die Person des Führers« denunziert wurde.

Ihr Leben lang haben Anna und Rudolf Ditzen die Kinder geliebt, die Natur, die Landwirtschaft, die Blumen und Tiere. Und so verwundert es auch nicht, daß Anna mir die Bücher »Hoppelpoppel, wo bist du?« und »Fridolin, der freche Dachs« schenkte.

Nachtrag:

Am 8. 8. 1990 verstarb Anna Ditzen im Krankenhaus Neustrelitz.

VIERTER TEIL

Aus dem Alltag der DDR und danach

Willi Griebenow

Am 10. März 1987 wurde Dr. rer. oec. Willi Griebenow 90 Jahre alt. 1931 promovierte er über »Symptomatologie der Kapitalbildung« an der Rechts- und Staatswissenschaftlichen Fakultät der Greifswalder Universität.

Er war dann in Greifswald als Handelslehrer tätig, und ich darf mich glücklich schätzen, seine Schülerin gewesen zu sein. Dr. Griebenow betreibt seit Jahrzehnten regionalgeschichtliche Quellenstudien. Täglich absolviert er sein Pensum in Archiven und im Lesesaal der Universitätsbibliothek. Bei allem wissenschaftlichen Ernst geht Dr. Griebenow nie der Humor verloren. So zitiert er selbst in seiner Doktorarbeit den lustigen Einwand des englischen Ökonomen Arthur Cecil Pigou (1877–1959): »Daher das Paradoxon, daß, wenn jemand seine Haushälterin oder Köchin heiratet, er das Nationaleinkommen vermindert.« Diese erhält ja dann keinen Lohn mehr. Die Spezialgebiete von Dr. Willi Griebenow sind landwirtschaftliche Besitzverhältnisse, Separation und Tertialgüter in Pommern. In einer Monographie legte er dar, wie in Alt Negentin tausend Morgen Land verschwanden, und zwar zwischen 1853 und 1865. Irgendwann einmal mußte es ein Versehen gegeben haben, und der Rechtsanwalt Dr. Kirchhoff machte 1904 die Regierung darauf aufmerksam, daß »die Tertialpacht von 310,78 Mark für nur 21 Morgen geradezu unmöglich« sei.

Dr. Griebenow fand im »Landbuch von Neu-Vorpommern« von 1868, daß der schwedische König Karl XII. während des Nordischen Krieges – bei seiner abenteuerlichen Rückkehr aus der Türkei 1714 – beinahe »im Angesicht seines Landes« in der Peene ertrunken wäre. Das Boot sei umgeschlagen. Doch der Fährpächter Kriwitz, »des Schwimmens wohl kundig«, habe den König gerettet. Und »aus Dankbarkeit verlieh der König dem wackern und entschlossenen Fährmann für sich und seine Nachkommen die Fähre zum Erbeigentum auf ewige Zeiten.«

Der Gützkower Regionalforscher Werner Wöller berichtet, daß der Kantor und Lehrer Ewert 1933 bei der schwedischen Regierung recherchierte, ob etwas Wahres an der Geschichte von der Rettung bei Gützkow sei. Der Brief wurde »auf allerhöchsten Befehl« des Königs von Schweden an einen Spezialisten der schwedischen Karolinischen Zeit weitergeleitet, an Dozent Dr. Bonnesen in Lund. Dessen Antwort: Karl XII. ritt über Tribsees, Richtenberg und Steinhagen nach Stralsund.

Aber Bonnesen räumte ein, daß »die Rettungsgeschichte von Gützkow trotzdem vielleicht nicht ganz ohne Grund sei«.

Laut Depesche des englischen Gesandten an seine Regierung kontrollierte Karl XII. 1715 jeden zweiten Tag die Pässe und Schlüsselstellungen seiner Truppen. Am 12. Mai stürzte er so unglücklich vom Pferd, daß ihn seine Begleiter für tödlich verletzt hielten. Der Gesandte schreibt: »Aber nachdem sie ihn unter dem Pferd hervorgezogen hatten, lächelte er nur ein wenig, setzte sich wieder auf sein Pferd und ritt mit noch größerem Ungestüm als vorher weiter.«

Während eines Rekognoszierungsrittes von Loitz über Gützkow nach Ziethen vom 8. bis 11. Juni 1715 geriet Karl XII. möglicherweise erneut in Lebensgefahr.

Nachtrag:

Am 14. Februar 1991 ist Willi Griebenow gestorben.

Heinz Keller

Am 8. Juni 1987 wurde Pastor Heinz Keller in Trantow bei Loitz 80 Jahre alt. Sein Wirken stand ganz im Dienst der Bekennenden Kirche. Auch unter schwierigsten Bedingungen war er als unerschrockener Seelsorger tätig. Seine antifaschistische Haltung blieb stets ungebrochen. Heinz Keller ist ein Sammler und Bewahrer. Trantow ist für unsere Nationalkultur bedeutsam: Hier lebte Ernst Moritz Arndt, bevor er 1812 aus dem französisch besetzten Vorpommern nach Preußen und weiter nach Rußland floh, um am antinapoleonischen Freiheitskampf teilzunehmen. Heinz Keller ist ein begeisterter Arndt-Forscher. Seine Aktivität reicht vom Entziffern von Arndt-Briefen bis zur Spezialpflege der Gotlandsandsteinplatte auf dem Grab von Arndts Vater. Und wenn Buchstaben aus Blei an einem Epitaph restauriert werden müssen, »opfert« er seine Zinnsoldaten, Erinnerung an seine Kindheit …

Pastor Keller ist es zu danken, daß die Trantower Kirche und das schöne alte Pfarrhaus mit dem Archiv mustergültig erhalten sind. Immer wieder sind seine Besucher tief berührt von seiner Gastfreundschaft, menschlichen Wärme, Hilfsbereitschaft und Akribie sowie seiner Liebe zu den Tieren und Pflanzen.

Otto Peters

Sanitätsrat Otto Peters, Jahrgang 1932, ist ein Landarzt, der in der Stadt wohnt, und ein Kunstkenner, der für seine Aktivität als Vorstandsmitglied der Gesellschaft für Denkmalpflege im Kulturbund in das Goldene Buch der Stadt Greifswald eingetragen wurde. Seit über 20 Jahren ist er Mitglied der CDU, zeitweilig war er im Ortsgruppenvorstand Greifswald tätig.

Mancher Greifswalder fährt nach Dersekow, um sich dort in der Staatlichen Arztpraxis von SR Peters behandeln zu lassen. Als Facharzt für Allgemeinmedizin muß dieser die ganze Palette der medizinischen Grundbetreuung »im Griff« haben, von der Blutdruckkontrolle bis zum sachgemäßen Kompressionsverband beim Krampfaderbein. Die meisten Patienten von SR Peters arbeiten in der Tier- und Pflanzenproduktion. Der Einzugsbereich umfaßt die Dörfer Dersekow, Levenhagen, Alt Ungnade, Neu Ungnade, Hinrichshagen mit dem Buchenberg, Boltenhagen, Heilgeisthof, Subzow, Klein Zastrow, Alt Pansow, Neu Pansow. Zu den Sprechstunden in Dersekow und den Hausbesuchen kommen Außensprechstunden, Spätsprechstunden, Bereitschaftsdienste, Tätigkeit in der Ärzteberatungskommission.

Von den beruflichen Belastungen SR Peters spürt man nichts, wenn man sein Haus in der Greifswalder Brüggstraße 34 betritt. Schon im Hausflur stehen kunstvoll geschnitzte Schränke und Truhen. Es gibt zwei Rokokozimmer, zwei Biedermeierzimmer und eine Bibliothek.

Wir sind im Haus eines Kunstkenners, der die Traditionen seiner Familie hoch achtet, und überall empfängt uns Bürgerlichkeit im besten Sinne. Wir sehen eine überaus zierliche Rokoko-Kommode, die Otto Peters bereits in den fünfziger Jahren sammelte, als er noch Arzt in Friedland war. Mit dieser Kommode fing es an. Otto Peters erzählt: »Da mußte ein Leuchter 'rauf, und da mußte ein anderes Bild hängen. Es ergab sich so.« Und Mathematiklehrerin Ehefrau Sabine Peters sagt: »Wir wurden früher ausgelacht.« Doch dann kam die Nostalgiewelle, von der aber die Peters nichts wissen wollen. Sie betrachten die alten Möbel funktionell, benutzen sie, und das schöne alte Haus ist vom Keller bis zum Boden geschmackvoll-behagliche Wohnstätte. Frau Peters ist übrigens mit von der Partie, wenn es gilt, noch rasch von einem Abrißhaus ein architektonisch interessantes Teil sicherzustellen.

Wir sehen Musikinstrumente, Kristallkronleuchter, Keramik, geschliffene Gläser, Zinn, Ölbilder, Teppiche, Gobelins, Skulpturen und im Keller einen romanischen Taufstein … Im schönen Garten hinter dem Haus füttern das Ehepaar Peters und ihre drei Töchter im Winter liebevoll die Vögel in einem speziellen Futterhaus. Auch einen »Hundezwinger« hat Otto Peters: einen Glasschrank mit Englischen Kaminhunden aus Porzellan, Seemannsmitbringsel, die in den Fenstern der Seemannsfrauen und -bräute paarweise saßen –

Prestigekeramik. Sie saßen, wie manche meinen, Kopf an Kopf, wenn der Seemann zu Hause war.

Otto Peters ist eigentlich Otto Peters III.. Großvater Otto Peters I. war Lehrer in Wieck bei Greifswald, Vater Otto Peters II. Zahnarzt in Greifswald und Freund des Ernst-Moritz-Arndt-Forschers Erich Gülzow. Otto Peters II. schrieb die 15bändige Familienchronik, die von Otto Peters I. kunstvoll in Leder und Holz gebunden wurde. Von Otto Peters I. stammt auch der holzgeschnitzte Stammbaum der Petersfamilie. Dieser Stammbaum führt bis in die Zeit des Dreißigjährigen Krieges zurück.

Das Haus Brüggstraße 34 wurde in klassizistischem Stil 1802 erbaut, vermutlich von oder unter Einfluß von Universitätsbaumeister und Zeichenlehrer Johann Gottfried Quistorp. Otto Peters II. erwarb es 1934. Die Geschichte des schönen alten Bürgerhauses mit der einladenden Freitreppe, dem wilden Wein an der Fassade und einem Streifen uralten Kopfsteinpflasters davor ist hochinteressant. Otto Peters zeigt uns ein »Freimaurerglas«, das eine Zeitlang irgendwo als Blumenvase gedient hat. Die Freimaurerloge »Karl zu den drei Greifen« hatte in der Brüggstraße 34 ihren Speisesaal, in dem auch Kunstausstellungen stattfanden, bei denen Bilder C. D. Friedrichs gezeigt wurden. Aus diesem Saal entstanden später zwei Wohnzimmer.

Otto Peters ist mit Leib und Seele Denkmalpfleger, aber »kein Baumensch«. Deshalb setzt er seine Kraft mit Hacke und Spaten für die Erhaltung des Alten Friedhofs in Greifswald ein. In diesem Friedhof sieht er ein steinernes Archiv von unwiederbringlichem Wert. In der Schrift »Über den Alten Friedhof« von Dr. Willi Griebenow, einem Freund Otto Peters', lesen wir:

»Ein hohes, steinernes schwarzes Kreuz bezeichnet das Grab von [Karl Ferdinand] Eichstedt [1816–92]. Schon seine Forschungen über die Krätzemilbe sicherten ihm einen geachteten Namen. Später [1846] fand er einen Pilz als Erreger einer schuppenden Hautflechte [Malassezia furfur als Erreger der Pityriasis versicolor]. Auf Grund dieser Entdeckung habilitierte er sich. Aber er wurde ein Opfer ministerieller Launen und Intrigen. Kurz entschlossen warf er die akademische Laufbahn seinen Gegnern vor die Füße und wurde praktischer Arzt. Professor Eichstedt und Kreisphysikus [Kreisarzt] Häckermann waren ›zwei treue Freunde eines guten und ausgedehnten Trunks‹. Im Volksmund hießen sie Eicking und Häcking, und so redeten sie sich auch an. Einmal riet Häckermann einem Kranken, seinen Freund Eichstedt heranzuziehen, fügte aber vorbeugend hinzu: ›'n gauden [guten] Arzt, öwerst leider – hei süppt 'n beten [aber er säuft ein bißchen].‹ Eichstedt, herbeigerufen, untersucht und nickt befriedigt über die Diagnose des Freundes: ›'n gauden Arzt, öwerst leider – hei süppt 'n beten.‹ Am späten Abend des Silvestertages 1892 kam Eichstedt von der Landpraxis, stieg aus dem Wagen, fiel um und war tot.«

Auf dem Alten Friedhof in Greifswald sind auch die Gräber des Pharmakologen Hugo Schulz (1853–1932), des Militärarztes und Mikrobiologen Friedrich Loeffler (1852–1915) und des Pathologen Paul Grawitz (1850–1932). Letzterer wurde von den Greifswaldern wegen seiner Theorie von den Schlummerzellen, die bei der Entzündung eine Rolle spielen, »Schlummer-Grawitz« genannt. Friedrich Loeffler, Begründer des weltberühmten Instituts zur Tierseuchenbekämpfung auf der Insel Riems, war in Greifswald auch kommunalpolitisch tätig. Er hatte alle Mühe, die Greifswalder von der Notwendigkeit einer Wasserleitung zu überzeugen.

Bei allen Erfolgen in der Denkmalpflege registriert Otto Peters auch die Mißerfolge und sagt: »Der Denkmalpfleger sieht den Untergang oft aus der ersten Reihe mit an.« Und er selbst? Seine Arbeit macht ihm viel Freude. Oft fehlt Zeit. Er sagt mit Blick auf Archiv und Bibliothek: »Ich wünsche mir, ein Jahr lang hier eingesperrt zu sein, um das alles zu lesen und um mein Haus so richtig zu genießen.« Von Otto Peters stammt eine ganze Reihe von regionalgeschichtlichen Publikationen, so der Aufsatz »Professor, Superintendent und Porträtmaler in Greifswald« zum 200. Geburtstag von Johann Christian Friedrich Finelius am 5. Januar 1987. Otto Peters' Tochter Ute geht als Medizinstudentin beruflich in Vaters Fußtapfen, und der hofft auch auf ihre denkmalpflegerischen Ambitionen.

Das Grab in Frankreich
Gedanken zum Weltfriedenstag

VOR MIR LIEGT ein Reclamband: Henri Barbusses »Briefe von der Front«. Diese Briefe schrieb der französische Dichter und Romancier, der sich einundvierzigjährig freiwillig an die Front gemeldet hatte, an seine Frau.

Da heißt es in einem Brief vom 3. Januar 1915: »Das getrüffelte Hähnchen war ein Wunderwerk. [...] Doch verwende nächstes Mal keine Trüffeln: Dieser unerhörte Luxus würde mir schließlich nur Magenschmerzen verursachen.«

Im Frontnotizbuch lesen wir über den 15. Oktober 1915: »Leichen überall, mumifiziert, skelettiert, reduziert zu Häufchen, vermengt mit rötlichem Schmutz. [...] Wir gewahren ein Gesicht, das wie Ramses II. aussieht [...] Aus zerfaserten, pechgetränkten Lumpen ragt das Fragment einer Wirbelsäule. [...]«

Henri Barbusse hatte seit neun Monaten in vorderster Frontlinie gestanden, als er diesen grausigen Bericht niederschrieb. Doch er ließ es nicht bei Briefen bewenden. Er fotografierte an der Front, entwickelte seine Bilder unter primitivsten Bedingungen. Ab Mitte Juli 1915 schrieb er für Zeitschriften. Die Arbeiten wuchsen rasch zu dem Roman »Das Feuer« an, der bereits 1916 in einer Zeitung in Fortsetzungen erschien.

Sein weiteres Leben stellte Henri Barbusse in den Kampf gegen den Krieg. Er blieb nicht bei bloßer Kriegsgegnerschaft stehen, er forderte die gesellschaftliche Veränderung. Im »Feuer« läßt er einen seiner Helden sagen: »Die Völker kämpfen heute, um keine Herren mehr zu haben, die sie leiten. Dieser Krieg müßte die Fortsetzung der Französischen Revolution werden.«

Am 21. Mai 1917 schreibt Barbusse an seine Frau: »Du hast recht: Es gilt eine Pflicht zu erfüllen, man muß reden. [...] Wir können Leben nicht wiederherstellen, aber Sterben verhindern.«

Barbusse wurde zum Verteidiger der Großen Sozialistischen Oktoberrevolution von 1917. Er wurde Mitglied der Kommunistischen Partei Frankreichs, später des »Internationalen Bundes der Opfer des Krieges und der Arbeit«, der »Internationalen Arbeiterhilfe« und der »Antiimperialistischen Liga«.

Barbusse hätte sich mit dem Weltruhm begnügen können, den ihm seine realistischen Antikriegsromane einbrachten. Doch er wurde nicht müde, immer wieder seine Stimme gegen Völkermord und Zerstörung zu erheben, die Verständigung zwischen den Völkern zu fördern. So hatte er für den 4. August 1924 seine Teilnahme an einer Antikriegskundgebung in Greifswald zugesagt.

VOR MIR LIEGEN vergilbte Zeitungen. Die »Greifswalder Volkszeitung« berichtet unter der Überschrift »Nie wieder Krieg!« über den 4. August 1924, der als »Franzosenmontag« in die Stadtgeschichte Greifswalds einging. Da Henri Barbusse erkrankt war, sprach für ihn der französische Deputierte Jean Gauthier. Er sagte: »Auch wir haben ein Vaterland, das wir mit heißem Herzen lieben, aber wir wissen, daß dies Vaterland nicht das der Kapitalisten ist, die uns verraten und ausbeuten. Wir alle waren schuld am Kriege, weil wir nicht die Kraft hatten, uns der Hetze entgegenzustemmen. Unsere Internationale muß eine Internationale der Tat sein!« Einleitend war das Gedicht »Mütter!« von Ernst Toller von einem Greifswalder Studenten gesprochen worden, in dem es heißt: »Schmerz, gebäre Tat!«. Der deutsche Redner Schlottfeld sagte: »Einst waren wir Helden für die bürgerlichen Ideologen, heute speit man uns ins Angesicht.« Schlottfelds Rede schloß mit einem Wort von Immanuel Kant: »Aber der Edelste ist der, der für die Menschheit kämpft.«

Den reaktionären Kräften muß das Auftauchen eines einzelnen Franzosen in Greifswald wie die Fortsetzung des Weltkrieges erschienen sein. Die Schutzpolizei, in deren Reihen viele alte Frontkämpfer waren, wies die Hakenkreuzjünglinge in die Schranken und war danach höhnischen Angriffen von rechts ausgesetzt. Wir lesen in der rechtsorientierten »Greifswalder Zeitung«: »Heil Dir, Schutzpolizei!« und »Der Franzose im Schutz der Schupo!« Daß sich Gauthier gegen die französische Annexionspolitik und gegen die Aussaugung Deutschlands durch die Westmächte ausgesprochen hatte, wurde völlig ignoriert.

Aber trotz Kreischens, Stinkbomben, blitzender Messer und des

Gesangs »Siegreich woll'n wir Frankreich schlagen« blieb der Störversuch von rechts eine Randepisode, und die »Greifswalder Volkszeitung« konnte feststellen: »Die Arbeiterschaft kann stolz darauf sein, daß es ihr gelungen ist, in Greifswald, der Hochburg der Reaktion, diese gewaltige Kundgebung zustande gebracht zu haben.«

VOR MIR LIEGT ein Wehrpaß der faschistischen Armee. Dieser Wehrpaß mit dem Ausstellungsort Greifswald gehörte meinem Vater. Ich weiß nicht, ob er den »Franzosenmontag« in seiner Heimatstadt erlebt hat. Ich weiß aber, daß er mit allen Fasern seines Herzens den Krieg haßte. Was hat er, ein Deutscher, gegen den Krieg getan? Er gab sowjetischen Kriegsgefangenen Brot und wurde von den Faschisten zum Tode verurteilt. Das Todesurteil wurde kurz vor Kriegsende in »Frontbewährung« umgewandelt – »Frontbewährung« in jenem Land, aus dem 1924 Gauthier für Frieden und Völkerverständigung nach Greifswald gereist war …

Die Nachricht, daß mein Vater gefallen war, erhielten wir Weihnachten 1944. Später, viel später erfuhr ich, daß mein Vater ein Feldgrab in der französischen Gemeinde Vaxy im Departement Moselle bekommen hatte.

In meinen Kindheitserinnerungen habe ich notiert: »Innerlich lachte ich über meinen [musikbegeisterten] Vater […]. Und ich belächelte auch meine Mutter. Wie sie meinem Vater zuschaute, wenn er vor seinem Telefunkengerät stand und stundenlang den ›Ring des Nibelungen‹ in soundso vielen Aufzügen und noch einem Vorspiel dirigierte, erschien mir wahrhaft lächerlich.«

Heute erscheint mir nichts davon lächerlich. Ich weiß, daß mein Vater mitten im Irrsinn des Krieges mit allen seinen Mitteln gegen seelische Verwahrlosung und grauenhafte Verdummung kämpfte, für eine Zukunft im Frieden.

Bertram von Schmiterlöw

Am 11. Januar 1981 wurde im Kulturhistorischen Museum in Stralsund eine Ausstellung des 1925 geborenen Malers Bertram von Schmiterlöw eröffnet. Er ist langjähriger Mitarbeiter in diesem Museum. Er stammt aus Franzburg bei Stralsund, besuchte eine kaufmännische Schule und war außerdem zwei Jahre als Dachdecker tätig. Seit 1950 malt er Aquarelle und seit dem Winter 1978/79 in Öl. Bertram von Schmiterlöw ist überwiegend Autodidakt, aber ersten Zeichenunterricht erhielt er in den Kriegs- und Nachkriegsjahren bei Stralsunder Malern. Vorbilder im eigentlichen Sinne hat er nicht, aber die Bilder der impressionistischen Maler Lovis Corinth und Vincent van Gogh haben ihn immer wieder tief beeindruckt.

Zu seinen ersten Lehrern gehörte der Stralsunder Maler Erich Kliefert. Dieser erinnert sich an die schweren Anfangsjahre seines begeisterten Schülers, der mit Papierfetzen, Lippenstiften und Zahnbürsten aus Franzburg anrückte, um zu malen! Es ging dem jungen Schmiterlöw dabei wohl weniger um ein Berufsziel als um Selbstfindung. Und Erich Kliefert erinnert sich auch des Weißkäses, den sein damaliger Schüler als Geschenk mitbrachte. Der Kunsterzieher und Maler Dieter Holz berichtet von der Entdeckung des Malers von Schmiterlöw Ende der 60er Jahre, der ihn einen Wust von Aquarellen sichten ließ. Die erste Ausstellung fand in der Pädagogischen Schule in Franzburg statt. Bertram von Schmiterlöw hat sich damals heimlich im Dunkeln in das Gebäude begeben, um seine Bilder aufgehängt zu sehen. Weitere Ausstellungen folgten in Stralsund und Velgast. Bertram von Schmiterlöw gesteht seinen Kollegen lachend ein, daß er sich auch heute nur schwer von primitiven Anfangstechniken wie vom Malen mit der Hühnerfeder oder mit dem Finger lossagen kann. Im Grunde benutzt er bis heute nur einen einzigen Pinsel! Frau von Schmiterlöw ergänzt, daß ein Stuhl als Staffelei dient und berichtet über die Vertreibung ihres Gatten aus Küche und Kammer bis auf den Dachboden, als er mit Ölfarben zu malen begann…

Die Thematik des eigenwilligen Malers entstammt meist seiner nächsten Umgebung. Er malt weiträumige Landschaften, windzerstreute Bäume, den Regen, Boote, Heringe, Bücklinge und frisch ausgebuddelte Wruken. Dabei verzichtet er auf alle Effekthascherei, aber seine Bilder leben von der Farbe. Erich Kliefert nennt den Maler von Schmiterlöw impressionistisch und offen und ehrlich und unterstreicht die große Menschlichkeit, die das Werk ausstrahlt. Im Mittelpunkt des Schaffens steht das Porträt. Immer wieder finden wir »seine« Franzburger, sensibel-eigenwillige Charakteristiken. So malte er den Melker, den Buchhalter, den Nachbarn. Aber wir sehen auch Mutter, Großmutter, Ehefrau, Lehrerin. Und immer wieder auch Knabengesichter. Nicht allein die Oberfläche fasziniert von Schmiterlöw, sondern das Wesen. Wo der Mensch in die Landschaft hineingestellt ist, entstehen durch verkürzte oder mitunter auch abgeschnittene Linien Unruhe und Dynamik. Unvoreingenommen stellt von Schmiterlöw das Alltägliche dar, die Bushaltestelle, eine geschlachtete Henne, die tote Krähe, aber auch den friedlich schlummernden Hund und die kecke Möwe auf den Buhnen. Seine Sonnenblumen sind ein Feuerwerk der Farben, seine blaßrote Mühle steht in einem gewaltigen blau-violetten Himmel.

Manfred Kastner

Kastner (Beerkast), Jahrgang 1943, gelernter Dreher, Präparator, Restaurator, Grafiker, Maler und Hobby-Botaniker, sagt von sich selbst: »Mich interessieren an der Malerei die Fläche als Gesetz, die Ebene und die Verschiebung der Ebene, die Konstruktion, die Farbe. Ich versuche, eine Bildformel zu finden für menschliche Situationen, für Dinge, die weiterführen und erregend sind.« Manfred Kastner bezeichnet sich als Autodidakten. Geschult hat er sich an den Werken der alten Meister, an den Tafelbildern. Hier faszinieren ihn Ordnung und Selbstzucht. Er interessiert sich für abstrakte Malerei, englische Malerei des 15. Jahrhunderts, neoklassizistische und neogotische Industriebauten, für die Naturwissenschaften, besonders Biologie, Geologie und Physik. Und Vorbilder in der Malerei? C. D. Friedrich reizt ihn. Kastner sagt: »Mein ›Seezeichen‹ erinnert stark an C. D. Friedrichs ›Hafen in Greifswald‹.«

Manfred Kastner fühlt sich mit seiner Heimat eng verbunden, auch wenn er die norddeutsche Landschaft mitunter in astronomische Bereiche transportiert. Er versucht immer wieder, die Entwicklung darzustellen: Wir sehen die Schöpfung als Galaxis im Zielkreuz. Unter einem unendlich blauen Himmel zerfällt kristalline Struktur auf bröckelndem Untergrund. Der Baum des Lebens sprengt ein eisernes Tor auf. Immer wieder ist Wandlung, Vorgang. Aber da sind auch die Warnungen: Das Triptychon »Die bedrohte Gegenwart« (1978/79) plädiert für den Menschen und seine Kultur und warnt vor dem Atompilz und der blutig-roten Erstarrung ohne Leben. Von eindringlicher Aktualität ist eine Lithographie von 1980: »Europa« – ein erloschener Krater vor einem eisbedeckten Hochgebirge und unter einem lichten C.-D.-Friedrich-Himmel. »Narzis (Narcissos)« von 1982 blickt aus einer weiten Landschaft mit kleinem Bahnsteig in ein Wasser, in dem er sein Spiegelbild als Leichnam mit geschlossenen Augen und aufgelösten Haaren erblickt. Die Eigenliebe tötet. Die Bilder Kastners wirken zunächst menschenleer. Sieht man von Porträts ab, tragen seine Menschenbilder keine individuellen Züge. Wie in der Kunst des alten Asiens sind sie gleichnishaft-funktionell in die Bilder hineinkonstruiert. Immer wieder kehren Meßlatte und Ei wieder, minutiös ausgeführte Labyrinthe, Planeten, phantastische Städte, Bahnhöfe, Brücken.

Durch Verschiebung von Ebenen werden Verfremdungseffekte erzielt. Die Zeit manifestiert sich im Bröckeln des Mauerwerks, in Papierfetzen und im Schachtelhalm aus dem Steinkohlenwald. Kastner verabscheut nicht das Wortspiel (»nature morte Stilleben oder tote Natur«). Er ironisiert, und manches, was scheinbar sehr zweckmäßig ist, wird lächerlich.

Kastner provoziert zur Stellungnahme. Er interpretiert eines seiner Städtbilder: Es darf nicht soweit kommen, daß unsere Städte von innen her zerfallen und der Mensch zum Schluß die eigene Stadt wie einen Fremdkörper betrachtet, aus der er in seine Datsche flieht. – Positiv vermerkt in diesem Zusammenhang Kastner Bestrebungen zur Rekonstruktion der Greifswalder Altstadt.

Für den Maler und Grafiker Manfred Kastner ist die Malerei stets ein Stück Forschung. So fertigt er – wie beim naturwissenschaftlichen Experiment – von manchen Gegenständen und seelischen Zuständen regelrechte Versuchsserien an, läßt zunächst dem sogenannten Zufall Raum, das Endprodukt ist aber ingenieurmäßig durchdacht und durchkonstruiert. Es verwundert nicht, daß Kastner die Malerei einen »Kraftakt« nennt.

Nachtrag:

Am 3. Juni 1988 verstarb Manfred Kastner bei einem mysteriösen Autozusammenstoß auf Rügen. Manche vermuten einen Anschlag der Staatssicherheit gegen den Maler, der als »reaktionär« und unbelehrbar eigenwillig galt. Hatte er doch immerhin den Palast der Republik in Berlin, diesen gefeierten »Palast des Volkes«, auf einem seiner Bilder ohne Türen dargestellt. Auch seine »Kasernen« (1981) aus dem Hermann-Kasack-Zyklus dürften in hohem Maße das Mißfallen der Behörden bewirkt haben.

Manfred Kastner gehörte zu den Malern, die ihr Werk im Gespräch so offenherzig und unumwunden zu erklären versuchen, als ginge es gar nicht um die eigenen Produkte. Nichts blieb unausgesprochen und »unerklärbar«. »Theatermalerei« nannten manche hinter vorgehaltener Hand die Bilder von Kastner.

Am 13. Juli 1982, als ich über seine Ausstellung im Kulturhistorischen Museum Stralsund berichtet hatte, schrieb er in mein Stammbuch: »So bin ich überrascht von dem schönen Artikel, der einsichtsvoll und weitergehend unser Gespräch interpretierte und zusammenfaßte auf gehaltvolle Zeilen. Dafür bin ich Ihnen sehr dankbar.« Diese mir heute sehr kostbare Eintragung zeigt den ganzen Kastner: sein ständiges Ringen um Verständnis und Verstandenwerden und seine Bescheidenheit.

Am 3. September 1982 hatte ich Manfred Kastner einen kleinen weißen Mischlingshund – einen »Tierschutzfall« – aus Subzow bei Greifswald übergeben. Der kleine Hund hieß Bobby, und der Maler hatte ihn nur einen einzigen Tag. Bobby war ihm gleich wieder davongerannt … Ich war, ehrlich gesagt, sauer. Auf Kastner.

Karl Schlösser

Der Demminer Bildhauer Schlösser, Jahrgang 1934, ist von erstaunlicher Vielseitigkeit: Zehn Jahre lang war er Regisseur des Arbeitertheaters Demmin und dort gleichzeitig Kulissenmaler, Schauspieler und ein wenig Stückeschreiber. Er war und ist auch Maler, Uhrmachermeister (in Loitz), versteht etwas von Ornithologie und ist für Literatur begeistert. Karl Schlösser kommt vom gesprochenen Wort her. Er schätzt deshalb den Dialog, die Bewegung, weniger das Monumentale. In der Plastik spricht seine formende Hand die Umwelt an, sucht Zwiesprache.

Als sich Schlösser 1982 in Neubrandenburg an der Ausstellung »Bildnerisches Volksschaffen der DDR« beteiligt, ist er damit bereits das fünfte Mal bei Arbeiterfestspielen, diesmal bei den 19., präsent. Schlössers Terrakotta »Junge Dame mit Hut« gefiel dort zum Beispiel einer jungen Frau, Teilkonstrukteurin aus Leipzig, weil bei dieser Kleinplastik aus gebranntem Ton Emanzipation und Weiblichkeit gut harmonieren und auch Verträumtheit und modischer Schmuck zueinander passen. Der jungen Frau fielen besonders die in graphischer Manier gestalteten Augen und Wimpern auf, die das Bildwerk so lebendig werden lassen. Auch die ausgestellte Polyesterplastik »Porträt des Malers Kurt Israel« und die Terrakotta »Bildnis eines alten Mannes« machten auf das Gesamtschaffen Karl Schlössers neugierig.

In seiner Werkstatt sah ich weitere Porträtplastiken: den selbstbewußten Afrikaner – Zeichen unserer Solidarität, das Bildnis der Malerin Busse – Altfrauengesicht mit Zügen bleibender Jugend, das Selbstbildnis mit geschlossenen Augen – ein Gesicht, das Erlebnisfähigkeit und Nachsinnen ausdrückt.

Das sensible Antlitz Schlössers kehrt auch wieder in seinem Narrenbild, einer Plastik voll Tragik und sokratischer Heiterkeit. Selbstironie kennzeichnet die Plastik »Der Ausgezeichnete«, die wiederum Assoziationen zu den antiken Philosophen schafft, für die der Ruhm einerseits das dem Menschen Unentreißbare war, andererseits das, was einem Wort glich, geschrieben auf den Grund eines schnell dahinfließenden Baches. In der Antike wurde der Sieger bekränzt, und auch die Zecher beim Symposium bekränzten sich. Karl Schlössers »Ausgezeichneter« hat einen Kranz, der Glasscherben und Papierfetzen enthält – Zeichen harter Anstrengung, der Mühsal, der Freude, des Vorläufigen und Vergänglichen. – Ich sah auch Liebespaare, immer wieder eine Schauspielerin mit Masken, die verdecken und enthüllen, zwei Kampfläufer – gefiederte Kämpfer in voller Aktion. Und in der Plastik »Der Eingepfahlte« macht das Leid zutiefst betroffen. Bei Karl Schlösser bleiben gebrannter Ton und Hartplast nicht statische Massen. Da ist ein plastisch gestalteter Traum: Das Weib umkreist den Mann, hält ihn gefangen …

Wer Karl Schlösser aufmerksam zuhört, spürt das Erregende, das Abenteuer seiner Arbeit. Da ist zunächst der geduldige Tonklumpen, aber dann kommt die zerbrechliche Gipsform und schließlich der aufregende Guß, der nicht immer gelingt.

In Schlössers Atelier in der Demminer Altstadt entstanden u. a. Büsten von Karl Marx, Wilhelm Pieck und Ernst Thälmann. Die Thälmannbüste hat ihren Standort vor dem Gebäude des Rates des Kreises Demmin gefunden. Auch andere Plastiken Karl Schlössers sind den Demminern schon altvertraut: »Das Mädchen am Luisentor« und »Die Kindergruppe an der Waldschule«. Und Arbeiten von ihm gibt es in Berlin, Oranienburg, Templin, Verchen und einigen Dörfern des Kreises Demmin, im Reutermuseum Stavenhagen, im Zentralhaus für Kulturarbeit in Leipzig und in der Galerie Junge Kunst in Frankfurt/Oder. Es gab Schlösser-Ausstellungen in Warschau, Mexiko und Frankreich.

Die großen Verdienste Karl Schlössers für die Kultur unseres Landes blieben nicht ohne Anerkennung. So wurde ihm 1971 der Preis für künstlerisches Volksschaffen verliehen und eine Goldmedaille bei den Arbeiterfestspielen in Erfurt. Und mit seinem Demminer Zirkel errang er schon zweimal die Auszeichnung Hervorragendes Volkskunstkollektiv. Vom Kulturbund, dessen Mitglied Karl Schlösser seit über dreißig Jahren ist, wurde er mit der Johannes-R.-Becher-Medaille in Silber ausgezeichnet.

Karl Schlösser nannte seine Frau seinen »ersten Kritiker«. Sie ist Arztsekretärin und leitet in Demmin einen Keramikzirkel für Kinder. Sie war auf der Ausstellung zu den 19. Arbeiterfestspielen in Neubrandenburg mit der Arbeit »Rosenbaum mit Eulen« vertreten. Diese Keramik – ein Phantasiebäumchen aus Blüten und Blättern beherbergt eine Eulenfamilie – ist Ausdruck von Mütterlichkeit, Geborgenheit und sicherem Formgefühl.

Die Karl-Schlösser-Ausstellung in Demmin 1984 unterstrich wiederum: Das Werk Schlössers ist das absolute Porträt. Porträt ist das Gesicht. Porträt sind auch die Hände, Körper, Kleider, fixierten Bewegungen.

Das menschliche Gesicht wird bis in die letzte Hautfalte hinein verfolgt. Und doch ist das Individuelle gleichnishaft allgemeingültig. Sinnend stehe ich vor Schlössers »Juden mit Christusdorn«, der Leid und Größe in sich vereint. Zwei Hände berühren einander, dazwischen ist trennender Maschendraht: »In Memoriam Ethel und Julius Rosenberg«.

Karl Schlösser ist der Erzähler, Lyriker und Rhapsode unter den Plastikern. Sein »Klein Zaches und die Puppe Olympia« ist eine treffsichere Karikatur alles »Männischen« und »Weibischen«. E. T. A. Hoffmanns Erzählkunst und Jacques Offenbachs Melodien erwachen: Von Olympia geht kokett-kaltes Klingen aus, und Klein Zaches Hosenbeine jammern verkampft ... Vielfältig ist das Werk Karl Schlössers, es reicht von der tragischen Schönheit der »Zigeunerin« bis zur Deformation des »Glaskastenmenschen«.

Karl Schlösser sagte bei der Eröffnung seiner Ausstellung in Demmin: »Ich möchte ein Gesicht tausendmal zeichnen, tausendmal modellieren, nie damit fertig werden, nie das Ziel erreichen. Auf dem Weg dahin zu sein und in immerwährender innerer und auch äußerer Verwandlung begriffen, das ist die Hoffnung, die ich hege, denn insgeheim argwöhne ich, daß der Zustand erreichten Glückes träge macht und unproduktiv.«

Irmgard Kneiske

Die 65jährige erzählt: Sie braucht ihre Musik aus dem Radio und ihre Handarbeit. Und ihre Lieblingsbücher kann sie immer wieder lesen. Sie sagt von einem guten Buch: »Man liest es doch immer wieder anders«. Ihre Häkelnadel, schon seit drei Jahrzehnten in Gebrauch, ist schon ganz abgenutzt. Diese »heiße Nadel« arbeitet wie von allein … An den Winternachmittagen trinkt Frau Kneiske ihren Kaffee bei Kerzenlicht, und sie hat es gern, wenn die Kinder aus der Umgebung sie besuchen oder ins Fenster schauen und ihr zuwinken.

Dabei war das Leben von Irmgard Kneiske, die seit 1946 in Zinnowitz auf der Insel Usedom lebt, durchaus nicht immer rosig. Zu Hause war sie eines von fünf Kindern, und den Besuch einer Handelsschule konnten ihr die Eltern nicht ermöglichen. In der Volksschule hatte sie eine gute Ausbildung in Plakatschrift und Handarbeit, Schreibmaschine und Stenografie. Sie wurde Kontoristin, mußte aber während der Arbeitslosigkeit als Hausmädchen gehen (zwanzig Mark Monatslohn, Federbett war mitzubringen). Sie, die zwei Weltkriege miterlebt hat, weiß den Wert des Friedens besonders zu schätzen.

Irmgard Kneiske sagt: »Man kann seine Zeit doch nicht unnötig vertrödeln«. Und sie ist immer darauf bedacht, sich nützlich zu machen. In den Sommermonaten betreut sie – im weißen Kittel und stets auf Hygiene bedacht – die Zinnowitzer Strandtoilette. »Unsere Oma Kneiske« sagen die Ferienkinder und verabschieden sich von ihr, bevor sie abreisen. Und mancher Urlauber nimmt sich von ihr aus Zinnowitz ein paar Topflappen in Form eines gehäkelten Kleidchens und Höschens mit (»Er und Sie« oder »Hänsel und Gretel« genannt).

Für Sohn und Schwiegertochter hat Frau Kneiske in neun Tagen einen Wandbehang mit 18 000 Knoten geknüpft. Der Entwurf – Grün und Braun schattiert und mit wenig Rot an den Ecken – stammt von ihr selbst. Für eine Sofakissenstickerei waren nach ihrer Zählung immerhin 28 000 Stiche erforderlich. Die Topflappen geben immer wieder neue Möglichkeiten, Farbe und Form phantasievoll zu variieren. Nachts fallen ihr immer wieder neue Muster ein, die sie tagsüber ausprobiert. Wir sehen runde und eckige Topflappen, solche mit üppigen Rosen und auch einfach-schlichte. Und diese Topflappen gefallen dem Professor aus Prag ebenso wie dem jungen Mädchen aus Nordhausen, das Frau Kneiske bunte Wolle zuschickt...

Seit 1972 ist Frau Kneiske Witwe. Krankheiten und Gebrechen haben sie nicht verschont, aber sie hat es gelernt, Schmerzen und Traurigkeit mit unermüdlicher Tätigkeit zu besiegen. Sie arbeitet in der Evangelischen Frauenhilfe mit. Und Weihnachten erfreut sie über die Volkssolidarität manchen Mitmenschen mit ihren Handarbeiten. Sie sagt von sich selbst. »Ich fühle mich nicht einsam«.

Alwin Knapp

Als ich Nationalpreisträger Professor Dr. Alwin Knapp gegenübersaß, spürte ich nicht das Geringste vom »Greifswalder Schlaf«, von dem einst Ernst Moritz Arndt schrieb. 1978, gerade 60 geworden, hatte Professor Knapp den neu eingerichteten Lehrstuhl für Medizinische Genetik in Greifswald übernommen. Bislang war er hier Direktor der Universitäts-Hautklinik und der ihr angeschlossenen Forschungsstelle für Medizinische Ernährungslehre gewesen. Dieser Lehrstuhlwechsel entsprach einer folgerichtigen Entwicklung.

Als junger Arzt war Alwin Knapp mehrere Jahre auf dem Lande, im jetzigen Bezirk Frankfurt/Oder, tätig. 1950 trat er in die Universitäts-Hautklinik Leipzig ein und war gleichzeitig am dortigen Physikalisch-Chemischen Institut tätig. 1956 wurde er leitender Mitarbeiter des Zentralinstituts für Ernährung in Potsdam-Rehbrücke. Seine enge Zusammenarbeit mit dem Greifswalder Professor Dr. S. Bommer führte dazu, daß er 1962 dessen Nachfolger als Direktor der Universitäts-Hautklinik in Greifswald wurde und 1963, nach Bommers plötzlichem Tod, auch Leiter der Forschungsstelle für Ernährungslehre, die später den Grundstock für das Institut für Medizinische Genetik bildete.

Die Arbeit am Krankenbett und im Labor war und ist für Alwin Knapp stets eine untrennbare Einheit. Sein wissenschaftliches Hauptinteresse gilt den vitaminabhängigen Stoffwechselstörungen. Bei einer solchen Erbkrankheit besteht infolge eines Enzymdefekts ein erhöhter Bedarf an einem bestimmten Vitamin. So kommt es bei der nach Knapp benannten Krankheit infolge einer Störung im Tryptophan-Stoffwechsel zum Mehrbedarf an Vitamin B 6. Knapp kam der Krankheit auf die Spur, als sich bei einer Mitarbeiterin eine auf das 10- bis 20fache der Norm erhöhte Xanthurensäure-Ausscheidung fand. Diese Mitarbeiterin war ursprünglich zur Gewinnung von Normalwerten untersucht worden, und daß ihr Ehemann kurioserweise ebenfalls erhöhte Werte aufwies, war darauf zurückzuführen, daß er ihr Cousin war! Die praktische Bedeutung solcher Forschungsergebnisse besteht u. a. darin, Vitamin-B-6-abhängige Krämpfe bei Säuglingen durch die Gabe des Vitamins beheben zu können.

Als Alwin Knapp 1974 an der Spitze einer Gruppe von Mitarbeitern den Nationalpreis in Empfang nahm, war das ein Höhepunkt seines Lebens. Die Auszeichnung galt vor allem jenem groß angelegten Siebtest nach Guthrie, der praktisch alle Neugeborenen unseres Landes auf die vererbbare Stoffwechselstörung Phenylketonurie untersucht. Werden die kranken Kinder rechtzeitig erfaßt und erhalten eine phenylalaninarme Diät, bleiben sie von dem sonst eintretenden Schwachsinn verschont. Die Produktion des phenylalaninfreien Berlophens geht auf die Herstellung eines entsprechenden Laborprodukts durch Knapp 1960 zurück. Es ist kaum zu ermessen, wieviel Mühen und schlaflose Nächte allein dieses Laborprodukt den Forscher und Humanisten Alwin Knapp damals gekostet hat.

Nicht alle wissenschaftlichen Leistungen Knapps lassen sich hier aufzählen, aber es sei noch erwähnt, daß er ein bekanntes Lehrbuch »Genetische Stoffwechselstörungen«, das in kurzer Zeit in 2. Auflage erschien, verfaßt hat und über hundert andere Publikationen. Seine Studenten schätzen bei seinen Vorlesungen die einfachen, treffenden Vergleiche und den Humor, und er hat etwa 150 Diplom- und Doktorarbeiten betreut … Später will sich Professor Knapp intensiv mit der sozialen Eingliederung seiner behandelten Phenylketonurie-Patienten beschäftigen. Da die Behandlung neu ist, fehlen entsprechende Kenntnisse noch. Das Wort »Emeritierung« (Ruhestand) hört Professor Knapp, der jung aussieht und es auch ist, nicht gern. Er sagt: »Später, wenn ich etwas Luft habe …«

Zu den Hobbys Alwin Knapps gehören Segeln auf dem Bodden (aber derzeit ohne eigenes Segelboot), der Bau von Segelflugzeugmodellen mit Fernlenkanlage (Übungsgelände bei Pasewalk), wöchentliches Geigenspielen (Mozart-Sonaten), das Spazierengehen in der Natur und die Liebe zu den Tieren (besonders zu Hunden und Katzen und den eigenen Forschungstieren), sein Lieblingsgericht sind Kartoffelplinsen mit Apfelmus (kann er bei Tag und Nacht essen!).

Der große Dank des Wissenschaftlers gehört seiner Frau, die ihn maßgeblich bei seiner Arbeit unterstützt, ihm zuhört und auch manches »fernhält«. Und daß Alwin Knapp nicht nur in Greifswald bekannt ist, wird den Greifswaldern spätestens klar, wenn sie auf der Straße gefragt werden, wo denn die »Klinika Knappa« sei.

Jürgen Krüger

Chefarzt Medizinalrat Dr. Krüger, Sohn eines Oberförsters, Jahrgang 1938, wurde in Vilz bei Tessin geboren. Er verlebte seine Jugend in Bansin, studierte in Rostock und absolvierte sein Pflichtassistentenjahr in Anklam. Weitere Stationen seiner Entwicklung waren Facharztausbildungsstellen in der Klinik für Innere Medizin in Rostock, am Zentralinstitut für Diabetes in Karlsburg, in der Bezirkslungenklinik in Zschadraß und an der Charité Berlin. Von Landarzttätigkeit zunächst keine Rede, aber breitgefächerte internistische Ausbildung, die – wenn man heute noch davon sprechen darf – fast nach Universalität strebte. Erste Ambitionen für die spätere Lebensaufgabe entstanden aber vielleicht schon während eines allgemein-praktischen Jahres, das der junge Arzt im Dorf Krien bei Anklam ableistete.

Dr. Krüger erzählt: »Ich hatte von der Theorie genug und wollte jetzt praktisch arbeiten.« Das geschah 1969 in Seebad Heringsdorf, als er Leiter der Inneren Abteilung der Poliklinik wurde. »Wir waren fünf Ärzte. Zeitweilig haben wir zu dritt Nachtdienst gemacht.« Das bedeutete, daß jeder der drei Ärzte jede dritte Nacht Dienst hatte. Und tagsüber war vollauf zu tun ...

Heute ist MR Dr. Krüger Direktor der Medizinischen Einrichtung Seebad Heringsdorf. Hier arbeiten 36 Hochschulkader. Leitungstätigkeit, die Arbeit auf seiner internistischen Betten-Station, in seiner Inneren Abteilung der Poliklinik und in seiner Dispensairebetreuung der Diabetiker sind für Dr. Krüger eine untrennbare Einheit. Die wichtigsten Stufen der Entwicklung der Medizinischen Einrichtung Seebad Heringsdorf unter seiner Leitung waren:

- Aufbau der Gemeindeschwesternstationen in Benz, Pudagla, Ulrichhorst und Zirchow,
- 1970 Aufbau der Stomatologischen Abteilung in Heringsdorf,
- 1975 Schlüsselübergabe der neuen Poliklinik in Heringsdorf (mit allen notwendigen Fachabteilungen – von der Chirurgie mit zwei Operationssälen bis zur Neurologie),
- Einführung eines modernen Hängekarteisystems in der Poliklinik, das eine komplexe Befundspeicherung und Behandlung garantiert.

Und wie wurde das alles geschafft? Organisationstalent und praxisnahe Weitsicht sind die wichtigsten Eigenschaften des Direktors und Chefarztes MR Dr. Krüger. Er liebt es nicht, sich in Einzelheiten und Nebensächlichkeiten zu verlieren. Sein Fach, die Innere Medizin, nimmt eine zentrale Stellung in der medizinischen Versorgung der Bevölkerung ein. »Bei der Betreuung von Menschen mit chronischen Leiden ist der Internist wie ein Steuermann«, sagt Dr. Krüger. Er koordiniert die Arbeit aller Mitarbeiter sinnvoll, und er schafft wirksame Regelkreisläufe zwischen Allgemeinmedizin, Gemeindeschwestern, Labor, Röntgen-Abteilung und medizinischen Spezialeinrichtungen. Dr. Krüger ist Subspezialist für Diabetologie (im Einzugsbereich von etwa 20 000 Einwohnern leben etwa 800 Diabetiker).

Nicht zuletzt in Anbetracht des Urlauberstroms im Sommer liegt Dr. Krüger die Notfallmedizin ganz besonders am Herzen. Dringlicher Hausbesuchsdienst und Schnelle Medizinische Hilfe – sie funktionieren im Prinzip schon seit zehn Jahren in Heringsdorf, gleichgültig, ob sie nun so genannt werden oder nicht.

MR Dr. Krüger war vier Jahre lang Volksvertreter. Achtmal

wurde er Aktivist. Er hält Vorträge über Diabetes, unter anderem auch im Kulturbund, organisiert Symposien für Ärzte und Schwestern, nimmt teil an Kongressen und bedeutenden Tagungen. Und das Persönliche? Seine Frau ist Kinderzahnärztin; er hat eine Tochter. Er ist leidenschaftlicher »Strandmensch«, Schwimmer, Tennisspieler. Er bewegt sich gern im Garten, liebt ganz besonders die Frühlingsblüher und Steingartenpflanzen. Und er liebt seinen Hund Glenny.

Dr. Krügers Ziel ist es, sein Kollektiv noch enger zusammenzuschmieden: »Die gute Idee eines einzelnen wird nur mit Leben erfüllt, wenn alle mitmachen!«

Nachzutragen ist: Seit 1987 arbeitet in Heringsdorf die unter Dr. Krügers Leitung erbaute moderne Abteilung für Physiotherapie in einem eigenen großen Gebäude, und ein neues Krankenhaus wird seit 1988 gebaut. Das ist der Abschluß eines sinnvoll miteinander verbundenen Gebäudekomplexes zur medizinischen Grund- und Spezialbetreuung.

Nachtrag:

Hund Glenny war zuckerkrank und ist inzwischen verstorben, und seit dem 1. 4. 1991 arbeitet Dr. Krüger, Obermedizinalrat, Subspezialist für Zuckerkrankheit und Ex-Chefarzt, in eigener Niederlassung als Facharzt für Innere Medizin. Die Poliklinik, einst mit Hilfe der Staatssicherheit erbaut, die sich als Gegenleistung ein anderes Gebäude des Gesundheitswesens in Heringsdorf nahm, ist »Ärztehaus« geworden: ein Verband freier Niederlassungen, dazwischen noch drei Ärzte, die staatlich angestellt sind. Doch einer von ihnen hat im Mai 1991 gekündigt, um in einem Altbundesland zu arbeiten. Zu unsicher ist ihm die Zukunft im Neubundesland, wo er überdies nur sechzig Prozent der Bezahlung eines Westarztes erhält. Doch Dr. Krüger meint: Wer im real existierenden Sozialismus tüchtig war, wird sich auch in der Marktwirtschaft, als freier Unternehmer, durchsetzen! Über mangelnden Patientenzulauf hat er sich nicht zu beklagen.

Manfred von Ardenne

Am 22. Juli 1987 hielt Professor Manfred von Ardenne in Heringsdorf einen Vortrag über seine Sauerstoff-Mehrschritt-Behandlung. Er hat seit drei Generationen familiäre Bindungen an dieses Seebad auf der Insel Usedom. Ort der Tagung war die neuerbaute Abteilung für Physiotherapie.

Die Forschungen Manfred von Ardennes knüpfen an die Entdeckungen des Nobelpreisträgers Otto Warburg an, der die große Bedeutung des Sauerstoffs für die zukünftige Krebsbehandlung erkannte. Bei der Behandlung von Kreislauferkrankungen und von Krebs spielt der Energiezustand des Körpers eine entscheidende Rolle, und dieser Energiezustand wird durch das Sauerstoffniveau bestimmt. Durch eine Sauerstoff-Mehrschritt-Behandlung wird die Verwertbarkeit des Sauerstoffs im Körper und damit eine Stärkung der Abwehrkräfte bis zu einem Jahr erreicht. Die vermehrte Sauerstoffzufuhr bewirkt einen Umstellungs- und Schalteffekt in den feinsten Gefäßen. Nach Meinung Manfred von Ardennes wird Krebs in Zukunft nicht nur mit Skalpell und Strahlen behandelt werden, sondern gleichzeitig mit gezielter Verbesserung der Abwehrkräfte durch Sauerstoff und Medikamente (Immunmodulation).

Der vitale 80jährige Professor von Ardenne bezeichnete Forschungsergebnisse, die nicht der Gesellschaft zugute kämen, als »Ausschuß«. Er kennt keine Scheu, sich über die Massenmedien wie das Fernsehen unmittelbar an die Patienten zu wenden. Nach dem Reaktorunglück von Tschernobyl in der UdSSR leistete er Geschädigten mit seiner Therapie Soforthilfe.

Es ist erfreulich, daß Seebad Heringsdorf eines jener Zentren ist, in denen die Sauerstoff-Mehrschritt-Therapie durch das Engagement von Chefarzt MR Dr. Krüger angewendet wird. Chefarzt Krüger leitete auch diese Tagung mit 140 Teilnehmern, u. a. Professoren und Ärzten der Ernst-Moritz-Arndt-Universität Greifswald und des Zentralinstituts für Diabetes in Karlsburg.

Die Sauerstoff-Mehrschritt-Therapie und die Krebsmehrschritttherapie sind heiß umstrittene Themen, aber Professor von Ardenne ist der Meinung, daß gerade der Meinungsstreit und die anfängliche

Ablehnung für eine neue Sache nur dienlich sein können. Warum er noch derart voll Elan, Kraft und jugendlicher Frische ist, scheint kein Geheimnis zu sein. Er sagt dazu, daß er ja die Sauerstoff-Mehrschritt-Therapie habe …

Annemarie Dries

Mit beiden Beinen fest in der Gegenwart steht Annemarie Dries, seit zwanzig Jahren Gemeindeschwester in Behrenhoff bei Greifswald. Die evangelische Christin wurde 1972 Mitglied der CDU. Außerdem arbeitet sie im Vorstand der DFD-Ortsgruppe, im Konsum-Ausschuß, in der Volkssolidarität, im Dorfklub, als Ratsmitglied und als Vorsitzende der sozialen Wohnungskommission – sie ist außer bei der Feuerwehr und bei der Post überall gesellschaftlich aktiv, wie sie lachend einen ihrer Söhne zitiert. Denn drei Söhne hat sie auch!

Sie sieht als Schwerpunkt ihrer Arbeit die Betreuung der kinderreichen Familien und der alten Bürger. Viele Hausbesuche sind zu bewältigen, per Moped oder Fahrrad, zu Fuß, mit dem Bus oder manchmal sogar per Anhalter! Sie arbeitet gut mit »ihren« beiden Ärzten zusammen. Trotzdem sagen manche Behrenhoffer: »Sie ist unser Doktor«. Daß sie bisher viele Auszeichnungen erhielt, versteht sich fast von selbst, so die Ehrenurkunde der CDU, die Medaille für ausgezeichnete Nachbarschaftshilfe, einmal auch eine Moskaureise.

Schwester Annemarie berichtet über die positiven Traditionen von Behrenhoff: Da sind erholsame Kaffeestunden bei Pastors, Rentnergeburtstagsfeiern und Lichtbildervorträge. Aber vielfach empfindet die Gemeindeschwester von Behrenhoff die Tradition als hemmend. So hätte sie gern ein neu erbautes Kulturhaus. Das alte, der umfunktionierte gräfliche Pferdestall, erfüllt kaum noch seinen Zweck. Außerdem fehlt ein Dienstleistungsstützpunkt im Dorf. Aber Schwester Annemarie, die Mitverantwortung für das Ganze so ernst nimmt, sieht die Perspektive optimistisch. Und sie sagt:

»Wünschen und hoffen wir, daß der Frieden erhalten bleibt, denn er ist die Grundlage der weiteren ökonomischen und kulturellen Entwicklung und des Glücks unserer Kinder.«

Werner Dalm

Der Anlaß unserer persönlichen Bekanntschaft war ein trauriger: Am 3. Februar 1981 war die Greifswalderin Meta Falk gestorben. Sie hatte drei Jahrzehnte lang Deutsche Schäferhunde gezüchtet und dabei maßgeblich deren Zuchtniveau in unserem Land mitgeprägt.

»Ihr Zwinger ›Vom Hildakloster‹ war die Basis bedeutender Zuchtsäulen. So sind aus Jutta vom Hildakloster die Zuchttiere Condor vom Falkenwappen, ein DDR-Sieger, und Drusus vom Falkenwappen hervorgegangen, die heute in fast allen Ahnentafeln der Linie XI A vertreten sind.« Das steht im Nachruf für Meta Falk, den ich mit Hilfe der profunden fachlichen Kenntnisse Werner Dalms verfaßte. Meta Falk war Mitglied unserer Greifswalder Grundorganisation der Sektion Dienst- und Gebrauchshundewesen im Verband der Kleingärtner, Siedler und Kleintierzüchter der DDR.

Dann erwarb ich von Werner Dalm den Deutschen Schäferhund Keros vom Andershofer Ufer, Sohn des DDR-Siegers Brando vom Andershofer Ufer. Das hatte nicht geringe Überredungskünste bei Werner Dalm gekostet. Und ich schrieb über Werner Dalm:

Für diesen Stralsunder sind »Schäferhunde die herrlichste Nebensache der Welt«. So beschäftigt sich der studierte Lehrer und Diplombiologe seit langem mit der Zucht von Schäferhunden und ist zudem Hauptzuchtwart für den Deutschen Schäferhund in der DDR. Es ist allerdings schwierig, sich mit ihm für ein Interview zu verabreden. Fast jedes Wochenende ist er unterwegs, und jeden Morgen und jeden Abend wollen seine eigenen Tiere versorgt sein. Dazu kommen Sitzungen, Besprechungen, Telefonate, Vorträge, Berge von Briefen auf seinem Schreibtisch, Manuskripte für eigene Publikationen, Berichte …

Werner Dalm ist Jahrgang 1926; das Licht der Welt erblickte er in Neuenrost im Kreis Ribnitz-Damgarten als Landarbeitersohn in einer kinderreichen Familie. Ein eigenes Tier war unerschwinglicher Luxus: Die Eltern hielten sich eine Kuh, einige Schlachttiere. Als Werner zehn Jahre alt war, brachte seine Schwester eine kleine Katze mit nach Hause. Ablehnender Kommentar des Vaters: »Bring se wedder torück, wi hemm alleen nichts to fretten, vel weniger för Katten.« Und noch viel weniger konnte sich der Traum des Jungen nach einem eigenen Hund erfüllen. Und dieser Traum war ein Schäferhund.

1946 kaufte sich Werner Dalm – frisch gebackener Lehrer auf dem Lande – von seinem ersten Gehalt einen Hund ohne Papiere (ohne Ahnentafel). Werner Dalm wurde Miglied der Gebrauchshundesparte in Stralsund. Und von nun an ist sein Name eng mit der Entwicklung der Schäferhundezucht verknüpft:

– 1950 gründet er seinen Zwinger »Vom Andershofer Ufer«
– 1951 wird er Nachzuchtbeurteiler
– 1952 »fällt« der erste Wurf im eigenen Zwinger
– 1954 wird er Leistungsrichter
– 1956 wird er Zuchtrichter
– 1969 wird er Hauptzuchtwart.

In seinem Zwinger »Vom Andershofer Ufer« ist es ihm gelungen, seit acht Generationen eine ununterbrochene eigene Zwingerlinie beizubehalten, d. h., ein Elterntier stammt immer aus der eigenen Zucht. Sollte die Zwingerlinie einmal abbrechen, will Werner Dalm keine Schäferhunde mehr züchten … Der Spitzenrüde Barry vom Andershofer Ufer begründete eine eigene Blutlinie. Die V-Hündinnen (V = vorzüglich) heißen Bora, Era, Hera, Jutta. Und der Rüde Brando wurde 1979 DDR-Sieger in der Jugendklasse. Aber die Devise Werner Dalms ist: »Genetisch saubere Würfe sind besser als ein oder zwei Spitzentiere!«

Werner Dalm erzählt von seiner Tätigkeit als Leistungsrichter: »Am Freitag geht es schon los mit der Fragerei nach dem Sieger. Ich sage dann immer, der am Sonntag vorn läuft, ist Sieger. Ich will es bis dahin selbst noch nicht wissen.«

Mehrfach richtete Werner Dalm in der ČSSR in der Ganzstaatlichen Rassehundeausstellung in Prag drei Rüdenklassen, zweimal richtete er 1980 in der VR Polen, in Katowice und in Poznań. Werner Dalm tritt nie als Fehlersucher auf, sondern versucht, stets komplex zu beurteilen, ob dieser oder jener Hund die Zucht vorwärts bringt oder nicht.

Bei den Abrichtern schätzt er Intelligenz und Selbstbeherrschung. Abrichtung ist für ihn das Einschleifen bedingter Reflexe. Macht der Hund Fehler, ist ein falscher Reflex ausgelöst worden. Zwang ist nicht prinzipiell abzulehnen, wohl aber Strafe, weil ja beim Hund kein Bewußtsein vorausgesetzt werden kann. Tierquäler sind Werner Dalm sehr verhaßt.

25 Jahre ist Werner Dalm kreuz und quer mit der Eisenbahn durch die DDR gereist. Und in vier Jahren hat er mit seinem »Trabant« 150 000 Kilometer zurückgelegt. Neben den Hunden liebt Werner Dalm alle Tiere, die dem Menschen vertraut sind, besonders Pferde. Und er liest gern Fachbücher. Seit 1971 publiziert er jährlich die Fachschrift »Vererbungs- und Nachzuchtbeurteilung«, die Material für Doktorarbeiten liefern könnte. Die Vererbungswissenschaftler reißen sich um sein Material, und in der Humboldt-Universität Berlin hielt er eine Vorlesung zur Weiterbildung von Tierärzten.

Und seine Familie? Sie muß oftmals auf ihn verzichten. Aber ein niedliches Bindeglied zwischen allen Familienmitgliedern ist die Zwergschnauzerhündin Nicole vom Rohrteich, die, wie Werner Dalm, der große Schäferhundezüchter, verschmitzt versichert, bei ihrer Ankunft, ohne sich zu bücken, unter den Kleiderschrank laufen konnte …

Das Ausstellungszentrum der Ernst-Moritz-Arndt-Universität Greifswald

Vom 23. Mai bis 22. Juni 1989 prangten am Ausstellungszentrum Alte Mensa (Bahnhofstraße 50) die Farben der französischen Trikolore. Auf 32 bunten Postern aus Frankreich wurde die Französische Revolution 1789–95 dargestellt. Gerundet wurde das Bild durch Landkarten, Dokumente und durch Bücher aus dem Bestand der Universitätsbibliothek.

In seiner Ansprache zur Eröffnung der Ausstellung zitierte Professor Richard Bräu, Greifswald, den deutschen Patrioten Arndt, der 1814 über diese Revolution schrieb, »daß sie ein reiches Feuermeer des Geistes ausgegossen hat, woraus jeder nicht lichtscheue Mann sein Teil hat schöpfen können« und »daß sie Ideen in die Köpfe und Herzen gebracht hat, die zur Begründung der Zukunft die notwendigsten sind«.

Ein Poster zeigte das »Gänsespiel« aus der Revolutionszeit, »national und lehrreich und belustigend«. Auf 83 Spielfeldern fanden wir die Begriffe L'EGALITÉ (Gleichheit) bis CONSTITUTION (Verfassung), erklärt durch Zeichnungen, so LA VIGILANCE (die Wachsamkeit) durch einen Kanonier an der Kanone, auf der der gallische Hahn thronte. Es gab Spielfelder HENRI IV, der durch das Edikt von Nantes vom 13. April 1598 den Hugenotten freie Religionsausübung gewährte, MONTESQUIEU, VOLTAIRE und J. J. ROUSSEAU, die durch ihre Schriften die Revolution vorbereiten halfen, und LE 14 JUILLET 1789, Tag des Sturms auf das alte Staatsgefängnis, die Bastille, als Zwingburg des Absolutismus. Und es gab Spielfelder LOUIS XVI und LE DAUPHIN, Erinnerung an den König, der am 21. Januar 1793 hingerichtet wurde, und an seinen jungen Sohn, der auf Befehl des Konvents dem Schuhmacher Simon zur »Erziehung« übergeben wurde und bereits 1795 starb. Klopstock sang zunächst: »Hätt' ich hundert Stimmen, ich feierte Galliens Freiheit.« Wir wissen, daß die weiteren Ereignisse der Revolution den Wellen einer fieberhaften Erkrankung glichen. Nacheinander wurden auf das Schafott geschickt: Königin Marie-Antoinette, die Girondisten, die Hébertisten, Danton und seine Gruppe. Das Blut floß in Strömen. Sterben war fast zur Mode geworden. Der radikal-revolutionäre »patriotische Priester« Jacques Roux entging am 10. Februar 1794 durch Freitod der Hinrichtung. Die Konterrevolution stürzte und guillotinierte im Juli 1794 Robespierre und seine Anhänger.

Viele Begriffe vom »Gänsespiel«, die die Menschen in den Revolutionsjahren stark bewegten, wurden auf den Postern näher erläutert. Über das »Fest der Freiheit und der Vernunft« in Notre Dame 1793 und das »Fest des Höchsten Wesens« 1794 schwieg die Ausstellung. Aber Professor Maurice Agulhon, Paris, schrieb: »[…] das Banner des politischen Humanismus von 1789 […] hat […] bereits einen Beitrag geleistet zum Entwurf des Programms unserer Vereinten Nationen«.

Die Ausstellung zur Französischen Revolution war die 64. im Greifswalder Ausstellungszentrum Alte Mensa. Ich erfahre, daß seit 1979 (nachdem die Neue Mensa academica ihrer Bestimmung übergeben worden war) bei den hier bisher durchgeführten 63 Ausstellungen insgesamt 351 457 Besucher gezählt wurden. Ausstellungen gab es z. B. über moderne Makonde-Plastik (aus Ostafrika) 1988, über Insekten 1988 und über die Volksrepublik China 1988/89.

Eine Ausstellung von besonderer Aktualität wurde – außer der Reihe – 1987 in der Neuen Mensa gezeigt. Es war die UNESCO-Posterserie »Ökologie in Aktion«. Auf einem Poster las ich, daß bis zum Jahr 2000 auf der Erde etwa 500 000 Arten von Lebewesen verschwunden sein werden. Ein anderes Poster fragte: »Können wir es hinnehmen, daß sich die Biosphäre [der Lebensraum] in eine eintönige Hülle aus Beton und Metall verwandelt?« Die Losung »Naturschutz mit den Menschen für die Menschen« war ein entscheidender Kernsatz der Ausstellung, die Probleme wie das ökologische Gleichgewicht und den internationalen Holzhandel aufgriff.

1931 betrug die Weltbevölkerung 2 Milliarden, im Jahre 2031 könnte sie etwa 9 Milliarden betragen. 1931 lebten 62 Prozent der Menschen in Gebieten, die heute als »Entwicklungsländer« bezeichnet werden, im Jahre 2031 werden es schätzungsweise 82 Prozent sein. Innerhalb dieser hundert Jahre wird sich der Anteil der Städter an der Gesamtbevölkerung von weniger als 20 Prozent auf mehr als 70 Prozent steigern, und der Energieverbrauch pro Kopf und Tag wird von 18 auf etwa 116 Kilowattstunden anwachsen (derzeit 46,5 kWh). Der tropische Wald wird dann nur noch in kleinen Enklaven und an unzugänglichen Orten unversehrt bestehen. Einige Poster weckten Hoffnungen für die Zukunft: Energiegewinnung aus Biomasse, Ausnutzung der Sonnenenergie in Trockengebieten, verbesserte Bodennutzung in den Tropen …

Einige Themen waren für die Greifswalder von besonderem Interesse, so die Ausstellungen

– »Das Institut für Anatomie des Bereichs Medizin in Vergangenheit und Gegenwart« 1986

Die Anfänge der Anatomie, der Kunst des Zergliederns der Körper, muten dunkel an. Die erste anatomische Zergliederung in Greifswald wurde 1624 im Juristenkolleg an einem gehängten Verbrecher durchgeführt. Sein Skelett begründete die erste anatomische Sammlung. Im 18. Jahrhundert entstand in Greifswald ein »Anatomisches Theater« für die Vorlesungen mit den Demonstrationen. 1750 begründetet der Anatom Andreas Westphal die große anatomische Sammlung durch den Ankauf von Präparaten des Prosektors Scharschmidt aus Berlin. Den ausführlichen Katalog der Sammlung ließ Westphal 1760 in Stralsund drucken.

Zu den hervorragendsten Exponaten der alten Greifswalder anatomischen Sammlung gehörte das Skelett eines großen Delphins, der 1852 in Loissin gestrandet war, ein Auerochsenskelett als Geschenk des Zaren Nikolaus von 1837, ein Straußenskelett aus Algier und ein Pythonskelett aus Java mit 620 Rippenpaaren. Der Anatom Rosenthal hatte 1825 einen auf Rügen gestrandeten Bartenwal präpariert. Das gewaltige Skelett befindet sich heute im Meereskundlichen Museum Stralsund, in Greifswald verblieb lediglich eine meterlange Rippe.

Die Besucher bestaunten die Zartheit der Skelette von Igel, Fledermaus, Maulwurf und Gibbon. Ein gesprengter Schädel um 1800 zeigte den komplizierten und materialsparenden Knochenbau des menschlichen Kopfes. Mit Bewunderung sah ich Mikroskope aus der Zeit um die Jahrhundertwende und ein formschönes altes Mikrotom zur Anfertigung feinster Gewebeschnitte. Gut erhaltene mikroskopische Präparate in ihrer bunten Vielfalt waren wahre Meisterleistungen der Präparierkunst aus dieser Zeit.

Und heute? Vielfach besteht die irrtümliche Meinung, die Anatomie sei ein abgeschlossenes Fachgebiet, das kaum noch Neues biete. Praxiswichtige Forschungsergebnisse widerlegen das. Arbeitsgruppen von klinisch tätigen Ärzten, Anatomen und Studenten beschäftigten sich mit der Verpflanzung des insulinproduzierenden Anteils der Bauchspeicheldrüse und mit der Teratologie, der Lehre von den Mißbildungen.

Als Modelle in der humanmedizinischen Forschung dienen auch Hunde. Auf einem Poster las ich, daß zur Verpflanzung von Bauchspeicheldrüsensegmenten 72 Operationen an 50 Hunden vorgenommen wurden. Es gilt, die »Empfehlungen zur Wahrung ethischer Grundsätze bei Tierversuchen« zu befolgen. Diese Empfehlungen wurden von der Arbeitsgruppe »Ethik in der Medizinischen Forschung« erarbeitet und von dem bekannten Berliner Krebsforscher Prof. Dr. Dr. Stephan Tanneberger 1985 veröffentlicht. Bei allen Tierversuchen müssen »die Ehrfurcht vor dem Leben« und »das Prinzip der Zumutbarkeit« berücksichtigt werden. So ist es unzumutbar, Hunde mehrfach in den Versuch zu nehmen.

–»*Christopher Polhem (1661–1751) – ›der schwedische Dädalus‹*«

[sagenhafter Baumeister und Erfinder]

1987

Er gilt als einer der größten Ingenieure und Erfinder Schwedens. Sein Vater, Wulf Christopher Polhammar, war Kaufmann und von Pommern nach Gotland gekommen. Der Vater starb verarmt, und der Zehnjährige wurde vom Stiefvater zu einem Onkel in Stockholm geschickt, wo er die Deutsche Rechenschule besuchte. Er wurde Kleinknecht und später Inspektor auf Gütern und begann, Uhren und Bratenwender zu bauen. Schwedisch und Deutsch reichten für den Besuch der Universität nicht aus. Der junge Polhammar erhielt Lateinunterricht als Entgelt, als der Hausprediger seiner Dienstherrin bei ihm eine komplizierte Schlaguhr in Auftrag gab. Mit 25 Jahren bezog er die Universität Uppsala. Er schrieb: »Seit ich auf meinen Reisen im Ausland gewahr wurde, wie andere Nationen zur Zierde und zum Nutzen ihrer Länder allerlei Manufacturen, Commerce [Handel], Schiffbauerei etc. betreiben, verdroß es mich gar sehr, in einem Land zu Haus zu sein, wo solches wenig bedacht wird [...] Ja, ich schämte mich im Namen der ganzen Nation und sehnte mich danach, nach meiner Rückkehr, soweit es meine bescheidenen Mittel zulassen, den Anfang zu machen mit der Einrichtung von einigen Manufacturen in Schweden.«

Und das Ergebnis ist imponierend: Gründung der Manufaktur Stiernsund mit der berühmten Uhrenfabrik, Tätigkeit als »Kunstmeister« am »Großen Kupferberg« in Falun, eine nahezu vollautomatisch arbeitende Münze für Friedrich I. von Preußen und dessen Bruder, den Landgrafen Wilhelm von Hessen, das »mechanische Alphabet«, bestehend aus etwa 80 Holzmodellen zu pädagogischen Zwecken. Es gab von diesem schwedischen Erfinder Erzförderwerke, Kanäle, Schleusen, Schneidemaschinen, Vorhängeschlösser, Tuchpressen, Uhren, Meßgeräte, und für König Karl XII. im Nordischen Krieg entwickelte er Pontonbrücken, Richtschrauben an Kanonen und eine Mühle für Roggen und Malz im Feld. Vom König, der sich mit Mathematik beschäftigte, wurde er 1716 geadelt. Statt Polhammar trug er nun den Adelsnamen Polhem. Ende des 17. Jahrhunderts wurde Schweden der größte Eisenproduzent der Welt. Polhem hinterließ über 20 000 Manuskriptseiten, sein »Patriotisches Testament« war ein kurzer Leitfaden der Eisen- und Stahlverarbeitung. Aber nach dem Nordischen Krieg gehörte Schweden nicht mehr zu den europäischen Großmächten. – Polhems System mechanischer Modelle entspricht dem Befehlsvorrat moderner Personalcomputer.

Man sah in der Ausstellung zierlich-exakte Originalmodelle, die aus großen Balken nachgebaute »Stangenkunst« am Riesenschacht »Stora Stöten« und eine Kupferplatte, die 1644 Geldstück war. Maximalgewicht solcher Kupfermünzen: 19,7 Kilogramm! Dazu ertönte in der Ausstellung dezente Tonbandmusik, und ein Computer wartete auf Befehle.

– *»Martin Franz: Malerei – Grafik« 1988*

Nachweislich seit 1774 war die Greifswalder Universität bemüht, einen »Zeichenmeister« als akademischen Lehrer anzustellen. Das gelang 1788 mit Gottfried Quistorp. Er hatte bei Andreas Mayer in Greifswald angewandte Mathematik studiert, in Dresden bei Anton Graff Porträtmalerei. Seit 1812 lehrte er neben dem Zeichnen auch »Zivil- und Kriegsbaukunst« in Greifswald, wo noch heute einige Häuser von seinen Leistungen als Architekt künden.

Zu den Schülern Gottfried Quistorps gehörten Caspar David Friedrich, der wohl berühmteste Sohn der Stadt Greifswald, und Wilhelm Titel, der 1826 Quistorps Nachfolger wurde, von 1831 bis 1850 die Porträts von 32 Greifswalder Professoren malte und erst 1851 selbst die Dienstbezeichnung »Professor« erhielt …

An diese musisch-akademischen Traditionen dachte ich, als ich im herbstlichen Greifswald zwischen Wall und Stadtmauer durch den stimmungsvoll wiederhergestellten Müntergrund in Richtung Bahnhofstraße ging, vorbei an hohen Bäumen, am Gedenkstein für den Greifswalder Botaniker Julius Münter und vorbei an dem hohen

Giebel des Museums hinter der Stadtmauer und an der Silhouette des Doms St. Nikolai mit seiner Turmkuppel …

In der Alten Mensa stellte der Greifswalder Maler Martin Franz seine Bilder aus, meist Ölbilder, aber auch Kohle- und Bleistiftzeichnungen. Die Kurzbiographie von Martin Franz: 1928 in Hamburg geboren, 1934 Umzug nach Dresden, dort 1947 Abitur, dazwischen Einsatz als Flakhelfer und Kriegsgefangenschaft, dann Arbeit im Bergbau und als Neulehrer, 1950 bis 1954 Studium an der Universität Greifswald mit dem Studienziel Lehrer für Kunst- und Werkerziehung, aber seit 1954 Assistent bei Professor Wegehaupt und damit Lehrtätigkeit an der Greifswalder Universität.

Im Gästebuch der Ausstellung fand ich das Stichwort »Impressionismus«. Und ich sah: bewegt-heitere Farbstudien – auf vielen Bildern das Hell und Dunkel und die verhaltenen Farben, oft Gelb und Braun, im Inneren der Kirchen – die flimmernde Lichtfülle über der Kreidesteilküste und dem »Haus am Meer« – die überraschende Buntheit des Bildes »Kirche auf Hügel« – das Farbgekleckse im »Hochufer«. Martin Franz kommt es auf die Stimmung an.

Neun junge Leute unterschrieben im Gästebuch: »Wir betrachten M. Franz als den bedeutendsten heute noch lebenden Greifswalder Maler.« Ich sah die Bildnisse von Frauen und Mädchen: Aktbilder, Haltungsstudien und Porträts. Martin Franz will Haltungen darstellen und seelische Zustände. Ich sah das Ölgemälde »Junge Mutter mit Kind«: verhalten-melancholische Schönheit, deren Verletzlichkeit bis in den letzten Farbtupfer nachempfunden wird. Das Pendant dazu war »Junger Mann in Schwarz«: trotzig versteckte Sensibilität.

Im Gästebuch las ich: »Möchte mich dafür bedanken, daß Sie die Greifswalder Altstadt vor ihrem Abriß für die Nachwelt erhalten haben.« Ich sah »Alte Häuser mit Mauer«: Dunkelrot und Violett schaffen Enge und Wärme. Die Stadt ist gotisch aufgetürmt, und die alten Häuser sterben: »Hinterhof« – das Fachwerk schiebt sich zusammen, stürzt, ein bunt aufglühender Verfall aus Rosa, Gelb und Pastellblau. Und »Alte Häuser vor dem Abbruch«: rote Gemäuer und ein rosa Himmel, der dunkelgefleckt ist (mit den letzten Rußflocken der ehemaligen Fischräucherei Cleppien?).

Ich überlegte: War das in der Mühlenstraße, Brüggstraße oder verlängerten Hunnenstraße? Wie einst Johann Martin Giehr mit seinen Greifswald-Bildern setzte Martin Franz eine Chronik fort. Ich sah: »Hafen im Abendlicht« – eine liebevoll bunte Welt der Erinnerung, denn die alten Häuser sind längst abgerissen.

Nach dem Besuch der Ausstellung ging ich durch das Rekonstruktionsgebiet in Greifswald. Alte Formen werden hier stilisiert, mit der modernen Plattenbauweise kombiniert und so im Neuen bewahrt.

Nachtrag:

Die Schwarzmaler scheinen recht zu behalten: Die letzten pommerschen Kulturgüter gehen nun noch »den Bach runter« ...

»Großer Kunstraub in der Uni Greifswald« ist die Schlagzeile des »Greifswalder Tageblatts« vom 12. 4. 91. »45 Bilder weg, 500 000 DM Schaden«, schreibt die Zeitung, »Kulturbarbarei«, sagt Rektor Zobel. Die gestohlenen 45 Professoren-Porträts stammen überwiegend von Wilhelm Titel.

Wieder also scheint ein Stück Pommern »abgebrannt« zu sein. Die Alarmanlage im Konzilsaal der Universität war veraltet. Im November 1990 hatte Professor Fritz Müller, Leiter der Abteilung Wissenschaftlicher Gerätebau, an die Landesregierung in Schwerin geschrieben. Diese Eingabe betraf die Sicherung der Kulturgüter im Kreis Greifswald, besonders in der Universität. Schon vor der politischen Wende in der DDR hatte Professor Müller in einem Lampenschirm im Konzilsaal eine selbstkonstruierte Sicherungsanlage getestet, die übrigens nach der Wende irrtümlicherweise für eine Stasi-Abhöranlage gehalten wurde ...

Aus Schwerin kam als Antwort auf Professor Müllers Eingabe ein gewichtiger Vorschlag: Gründung eines Instituts zur Kulturgutsicherung an der Ernst-Moritz-Arndt-Universität. Sogar ein Geldgeber wurde »angedacht«: die Europäische Gemeinschaft. Doch die Universitätsleitung hatte angeblich »andere Sorgen«. Die gefürchteten »Abwicklungen« waren im Gespräch, Absetzungen und Auflösungen drohten. Auch nach dem Diebstahl der »Professorenbilder« haben es die Verantwortlichen nicht eilig. Laut »Greifswalder Tageblatt« vom 13./14. 4. 91 erhielt Professor Müller von der Kanzlerin der Universität den Bescheid: »Wenn wir glauben, wir brauchen Sie, werden wir Sie schon holen.«

Tragik und Groteske der Geschichte einer Zeitenwende ...

Tierschutz

Von Tieren, Gesetzen und Paragraphen

Tierschutz und Tierhygiene sind in unserem Land geschätzte gesellschaftliche Tätigkeit, der ehrenamtliche Mitarbeiter manche Stunde ihrer Freizeit widmen. So treffen sich in zwangloser Runde der Stadtrat für Umweltschutz Dr. Alfred Gomolka, der Tierarzt Klaus Möller, der Hygienearzt MR Dr. Eberhard Heinrich, die Leiterin des Tierheimes der Stadt Greifswald Lotti Frank und andere Mitglieder und Helfer des Beirates.

An diesem Abend werden die in der DDR geltenden Gesetze und Verordnungen erläutert. Da ist zunächst im Strafgesetzbuch der Paragraph 250, der vorsätzliche Tierquälerei unter Strafe stellt. Andere Mißhandlungen können als Ordnungswidrigkeit verfolgt werden.

Von grundlegender Bedeutung ist das Gesetz über das Veterinärwesen vom 20. Juni 1962, in dessen Präambel die Tierärzte zur Anwendung fortschrittlicher wissenschaftlicher Methoden und der besten praktischen Erfahrungen verpflichtet werden. Die Strafbestimmungen dienen zum Schutz der Tiere vor sowohl vorsätzlichen als auch fahrlässigen Schädigungen.

Dann kommt die Tierseuchenverordnung vom 11. August 1971 zur Sprache. Am Wortlaut des Paragraphen 2 über die Zuständigkeit und Aufgaben der Beiräte für Tierschutz und Tierhygiene in der Anordnung vom 4. Juli 1973 erhitzen sich die Gemüter; denn die Beiräte sind nur für Tierhaltungen der Bürger zuständig, nicht für Betriebe und Einrichtungen, um dort nicht den Produktionsablauf zu stören. »Dann kann ich mich also nur um den privaten Flocki kümmern?« fragt ein Helfer. »Nein, es bleibt stets der Weg über den zuständigen Tierarzt, Kreis- oder Bezirkstierarzt offen, der sich um Betriebe und Einrichtungen kümmert«, ist die Antwort. In unserem Seuchengesetz heißt es im Paragraphen 20 sinngemäß, daß jeder Bürger, der hygienewidrige Zustände feststellt, aufgefordert ist, auf deren Beseitigung zu dringen.

Da hatte eine Bürgerin von ihrer Mutter einen Spitz geerbt. Einerseits war ihr das kleine Tier Andenken an die Verstorbene, andererseits hatte sie, da sie arbeiten ging, kaum Zeit für Fiffi. War er allein, bellte er in der Wohnung, und die Nachbarn beschwerten sich. Also sperrte ihn die Bürgerin in den Kohlenstall, und dort blieb er, bis eines Nachts eine Ärztin aus dem nahegelegenen Krankenhaus ein leises Winseln vernahm, der Sache nachging und dem Beirat Meldung erstattete. Das Tier hatte auf den Kohlen keinen festen Halt und mußte sich ständig mühsam ankrallen. Die Futternäpfe am Fuße des Kohlenberges waren verschmutzt. Es gab Aussprachen mit der Bürgerin, auch in Gegenwart ihres Betriebsleiters. Das Ergebnis: Der Hund wurde eingezogen und in das Tierheim eingewiesen. Dort fand er bald ein neues Herrchen und Frauchen – ein Rentnerehepaar, das genügend Zeit und Liebe für ihn hatte.

Aber auch die negativen Beispiele dürfen nicht unerwähnt bleiben. Da ist z. B. ein Bürger, der sich nicht scheute, eine Schäferhündin, weil er sie loswerden wollte, in seiner Wohnung zu erschlagen. Bei der Befragung machte der Mann durchaus einen harmlosen, selbstsicheren Eindruck. Er habe sich bei der Tat nichts weiter gedacht. Der Verweis und die Geldstrafe werden ihm hoffentlich genügend Anlaß gewesen sein, über das Verwerfliche seiner Handlung nachzudenken.

Bei Tierexperimenten in der medizinischen und biologischen Forschung verlangen wir den uns anvertrauten Tieren das Höchste ab, den Tod zum Nutzen des Menschen. Hier sind Tierschutz und Tierhygiene besonders kompliziert. Um optimale wissenschaftliche Ergebnisse zu sichern, ist es günstig, sogenannte Inzuchtstämme zu verwenden. Diese Tiere sind überdies meist im Labor geboren, dort ist ihr ursprünglicher Lebensraum, und sie leiden unter Versuchsbedingungen weniger als Tiere »von draußen«. Mitunter müssen Tiere sogar steril bzw. unter Beibehaltung eines bekannten Keimspektrums aufgezogen und gehalten werden, um durch sogenannte Zufallskeime nicht die wissenschaftlichen Ergebnisse in Frage zu stellen. Diese Form der Haltung wird als Gnotobiotik bezeichnet, und Wissenschaftler verwenden z. B. das »gnotobiotische Ferkel«.

Die Anforderungen an die Haltungsbedingungen für Versuchstiere sind hoch, und das Pflegepersonal muß besonders geschult sein. So brauchen Versuchshunde täglich ausreichend Bewegung, aber auch eine Eingewöhnungszeit und eine Erholungszeit. Es besteht eben eine dialektische Einheit zwischen der Einhaltung der ethischen Forderungen und der Erzielung optimaler wissenschaftlicher Ergebnisse.

Hygienearzt MR Dr. Eberhard Heinrich bestätigt diesen Zusammenhang übrigens auch für das Gebiet der Schlachttiere. Jeder unnötige Streß der Tiere verstärkt die Gefahr des Durchbruchs einer Salmonelleninfektion, wodurch großer Schaden entstehen kann.

Tierschutz und Tierhygiene sind gesellschaftlich notwendig und unerläßlich für die harmonische Gestaltung unserer Umwelt und für die Erfüllung unserer moralischen Normen.

»Bei uns sitzt ein herrenloser Cockerspaniel...«

Ein Brief steckt im Hausbriefkasten. Eine Einwohnerin, die neun Katzen und zwei Hunde hält und in einem Abrißhaus wohnt, bittet mich um Rat. Sie soll in nächster Zeit eine Neubauwohnung erhalten, aber wohin nun mit den Tieren? Anruf beim zuständigen Stadtrat für Umweltschutz. Er ist nicht zu sprechen, er hat Sitzung. Aber Beiratssekretär Artur weiß Rat: Die Hunde kann er unterbringen, jedenfalls einen sofort. Was aus den vielen Katzen werden soll, muß der Tierarzt als Leiter des Beirates entscheiden. Die Lieblingskatze wird die Bürgerin bestimmt mit in die neue Wohnung nehmen können, vielleicht auch einen Hund, also keine völlig aussichtslose Situation ...

Ein Zettel steckt seit gestern in meiner Tierschutzmappe. Einer Familie ist ein kleiner Hund zugelaufen. Besorgte Anfrage: Dürfen unsere Kinder den Hund ohne weiteres behalten? Die Antwort ist rasch auf einer Postkarte mitgeteilt: Sofort ein Inserat in der Tageszeitung aufgeben. Meldet sich der Eigentümer nicht, verbleibt der Hund bei seinen neuen Besitzern. Fordert der Eigentümer sein Tier zurück, muß er Futtergeld entrichten.

Während des Frühstücks klingelt das Telefon. Es ist ein Anruf aus einem volkseigenen Betrieb. Der Pförtner sagt: »Bei uns sitzt schon seit Tagen ein herrenloser Cockerspaniel. Was sollen wir tun? Kommen Sie sofort und holen Sie ihn bei uns ab.«

Gegen Mittag stehe ich im Pförtnerzimmer. Mir bietet sich ein rührendes Bild: Der Pförtner trinkt eine Tasse Kaffee. Vor dem Cockerspaniel stehen zwei Schüsseln, eine ist mit Wasser gefüllt, die andere mit Kartoffeln, Soße und Fleischbrocken. Der Cockerspaniel frißt gierig, schaut sich kaum nach mir um. »Der Hund muß hier weg, sonst kriegen wir Ärger«, schimpft der Pförtner und reißt mich so unsanft aus meinen Betrachtungen. »Sie müssen ihn mitnehmen.«

Ich erkläre, daß wir derzeit leider kein Tierheim haben. »Also soll der Hund hier bei uns bleiben, ja?« fragt der Pförtner nervös. Ich entgegne: »Vielleicht bei irgendeinem Kollegen. Sie sind doch ein Großbetrieb mit vielen Mitarbeitern.« »Soll ich den Hund übern Betriebsfunk ausrufen lassen?« fragt der Pförtner unwirsch. Ich sage lachend: »Nein, nicht direkt. Aber einmal alle fragen, die hier bei Ihnen vorbeikommen.« Und auf diese Weise klappt es tatsächlich.

Noch am selben Tag nimmt ein Betriebsangehöriger den Hund mit nach Hause. Vor wenigen Wochen war ihm sein alter Hund gestorben. Eigentlich wollte er nie wieder einen Hund haben, aber nun hat der Hundezwinger wieder einen neuen Bewohner.

In einem Mietshaus hat es Streit gegeben. Eine junge Frau – sie ist Hundesportlerin – hält in einem Zwinger im gemeinsamen Hausgarten aller Mieter ihren Schäferhund. Ein Mieter fühlt sich durch den Schäferhund belästigt. Die Hundehaltung sei unzureichend, der Geruch unerträglich. Eine Begehung vor Ort zeigt, daß die Hundehaltung durchaus den üblichen Anforderungen entspricht. Übler Geruch ist nicht festzustellen. Das wird am Nachmittag in einem Protokoll festgehalten und der zuständigen Schiedskommission zugestellt.

Der Höhepunkt dieses Tages in meiner gesellschaftlichen Arbeit ist die Übergabe eines jungen Schäferhundes an einen fleißigen Kleingärtner mit Siedlungshaus. Der eifrige Gartenfreund hatte sich schon immer einen Hund gewünscht, aber nie zum Kauf entschließen können. Seit dem Winter versorgten wir diesen Schäferhund, der herrenlos war. Sein neuer Besitzer erhält gleichzeitig eine Bescheinigung, die ihm die kostenlose Übergabe des Hundes bestätigt und ihn verpflichtet, das Tier nicht weiterzugeben. Der Kleingärtner versichert, daß er daran auch gar nicht denke. Er freut sich viel zu sehr über den neuen Mitbewohner des Gartens.

Wer sich mit Tierschutz beschäftigt, lernt Freud und Leid nicht nur der Tiere, sondern auch der Menschen kennen. Obwohl unser Beirat nur für die Stadt gebildet worden ist, fahre ich gegen Abend in ein benachbartes Dorf. Von dort kam ein telefonischer Notruf: Ein Pony sei am Verhungern … Ich fahre zunächst zum zuständigen Abschnittsbevollmächtigten der Volkspolizei. Als die Stalltür geöffnet ist, finden wir das Pony Pedro in einem kläglichen Zustand vor, desgleichen die vier Schweine, die drei Katzen und den Hund. Der Hintergrund dieser Geschichte ist rasch erzählt: Der Besitzer des Ponys lebt mit seiner Frau in Scheidung. Die Frau ist verreist. Der Mann hat vor einigen Tagen Urlaub genommen, um der Frau nachzureisen. Sein Leben ist aus dem Gleise geraten. Aber die Tiere müssen fressen und saufen, sie können weder auf dem Fundbüro noch auf dem Kreisgericht abgegeben werden. Rasch mäht ein Nachbar einen Arm voll Gras. Bald darauf kaut das Pony zufrieden. Für die Katzen und den Hund habe ich Futter zurechtgemacht. Da erscheint auch schon ein anderer Nachbar mit Kartoffeln und Schrot für die Schweine. Die schlimmste Not ist erst einmal behoben.

Lohnt sich der Aufwand, mag mancher skeptisch fragen. Ich meine ja; denn die Schicksale von Menschen und Tieren sind oft nicht zu trennen, und wir dürfen an den Leiden und Schmerzen der Tiere nicht achtlos vorübergehen.

In einem anderen Fall wird die dialektische Einheit von Tierschutz und Ökonomie deutlich. Ein Bürger ist von einem Dorf in ein anderes verzogen und hat dabei seine zurückgelassenen Tiere dem Hungertod preisgegeben. Unter den toten Tieren waren auch vier ausgewachsene Wollschafe. Für den volkswirtschaftlichen Schaden wird sich der Bürger beim Kreistierarzt verantworten müssen.

Zwar gehört die Tierhaltung in der Landwirtschaft nicht in den Kompetenzbereich unserer Beiräte, trotzdem gibt es mitunter nützliche Diskussionen. So frage ich einen LPG-Vorsitzenden, wie er die Weidewirtschaft realisiert. Mir ist aufgefallen, daß ein riesiger Kleeschlag von mehreren Kilometern Länge und Breite nur teilweise von etwa achtzig Kühen abgeweidet wird, während einhundertvierzig ihrer Artgenossen in den Ställen bleiben.

Die Eingabe eines Ornithologen betrifft nur indirekt die gefiederten Sänger. Konkret geht es um neun etwa zweihundert Jahre alte Eschen und Eichen, die am Feldrand abgeholzt wurden. Sind hier tatsächlich die Naturschutzbestimmungen beachtet worden? Diese Frage hat der Verantwortliche für Naturschutz beim Rat des Kreises zu entscheiden.

Als ich an diesem Tag mit meinem »Trabant« heimwärts rolle, ist die Sonne bereits untergegangen.

Eine Reportage, die 1982 nicht gedruckt werden durfte: Im unermüdlichen Einsatz gegen die Maul- und Klauenseuche

Wir sprachen mit

– Heinz Dumjahn, Stalleiter in Gribow im Kreis Greifswald. Er gewährleistet in seinem Arbeitsbereich strenge Absicherung der Anlage und eine tadellose Pflege der Tiere. Er hält Stallungen mit etwa 80 Tieren für sehr vorteilhaft. Dabei lassen sich Maßnahmen zur Seuchenprophylaxe gut durchführen. Außerdem kann die Technik beim Füttern, Einstreuen und Entmisten vorteilhaft eingesetzt werden. Aber auch der Weideaustrieb ist sehr wichtig und deshalb eingeplant.

– Werner Steindorf, Feldbaubrigadier, LPG (P) Gützkow bei Greifswald. Erkrankte Tiere müssen besonders gut gepflegt werden. Dazu gehört auch eine reichliche und schmackhafte Ernährung (»es geht dem kranken Tier wie dem grippekranken Menschen«). Hier wird der unlösbare Zusammenhang zwischen Tier- und Pflanzenproduktion sichtbar.

– Karl Glasow, Pätschow, Löschmeister der Freiwilligen Feuerwehr, und Horst Fürstner, Quilow, Volkspolizei-Helfer, an der Grenze zwischen den Bezirken Rostock und Neubrandenburg. Karl Glasow trägt die Abzeichen in Bronze und Silber »Für treue Dienste« sowie das Abzeichen »Für gute Arbeit« von der Tierproduktion Menzlin im Kreis Anklam. Für diese beiden Männer ist der unentgeltliche Einsatz auch am Wochenende eine Selbstverständlichkeit. Rund um die Uhr ist die Seuchenmatte besetzt. Nicht nur die Autoreifen werden desinfiziert. Die Insassen der Wagen müssen aussteigen und die Matte betreten, und Fiffi und Mobby, und wie die mitfahrenden Hunde alle heißen, müssen es auch … Wer sich etwa durch schnelles Überfahren der Matte »drücken« will, dem sind Strafe und ein Stempel gewiß. Und wir sollten allen Helfern für ihren erfolgreichen Einsatz danken.

Nachtrag:

Im Frühjahr 1982 trat im Nordosten der DDR eine hochinfektiöse Tierkrankheit auf, die Maul- und Klauenseuche (MKS). Diese Viruskrankheit befällt Rinder, Schafe, Schweine und Ziegen, kurz alles, was Klauen hat, einschließlich der Wild- und Zootiere.

Am 25. 3. 82 wurde in der DDR-Presse über den Allgemeinen Nachrichtendienst (ADN) mitgeteilt: »Zum Schutz der Tierbestände und zur Verhütung einer Weiterverbreitung der Seuche wurden in den betroffenen Gebieten die erforderlichen Maßnahmen eingeleitet sowie Sperr- und Schutzzonen festgelegt.«

Damit waren die Kreise Anklam, Wolgast, Greifswald, Grimmen, Stralsund und Rügen von der Außenwelt abgeschnitten. Erläuterungen dazu gab am 7. 4. 82 in der »Ostsee-Zeitung« Helmut Anduleit, Vorsitzender des Rates des Kreises Greifswald und Vorsitzender der Kreisseuchenkommission: »Besuchsweise Ein- und Ausreisen, Tourismus und Dienstreisen in dieses Territorium sind nicht gestattet. Dazu zählen auch Ausreisen von Beschäftigten, die ihren Wohnsitz im Kreis Greifswald haben, in nicht verseuchte Kreise und Bezirke. Ein- und Ausreisen in dringenden Familienangelegenheiten (wie lebensbedrohliche Erkrankungen und Todesfälle) in die verseuchten Kreise aus dem seuchenfreien Territorium der DDR bedürfen der Genehmigung durch das VPKA [Volkspolizeikreisamt].«

Es gab seit langem Gerüchte, die DDR-Regierung wolle Bezirksausweise einführen, um das Herumreisen im Land wirksam einzuschränken und zu kontrollieren. Das Szenario zur Verhütung der MKS-Verbreitung hätte dazu Anlaß und Generalprobe sein können. Und die Praxis trieb merkwürdige Blüten.

Tagelang wurden einzelne Reisende auf dem Bahnhof Anklam festgehalten. Wenn sie ihre chemisch behandelte Kleidung zurückerhielten, paßten ihnen diese nicht mehr! Mein Mann durfte zur Ausübung seiner ärztlichen Tätigkeit zwar von Greifswald nach Seebad Heringsdorf fahren, nicht aber nach Anklam. Herr (damals noch »Genosse«) Anduleit hatte eingestanden: »Es gibt im Kreis Greifswald einen Seuchenausbruch.« Daraus war zu schlußfolgern, daß die Kreise Greifswald und Wolgast als verseucht galten, der Kreis Anklam nicht. Niemand wagte Einzelheiten zu erfragen. Das hätte den Verdacht des strafbaren »Sammelns von Nachrichten« erweckt. In den Ferienheimen und Hotels an der Küste fehlten die Urlauber, und Bier wurde dort verbilligt oder umsonst ausgeschenkt, um die Tanks wieder leerzubekommen. Mein Plan zu einem Buch über den Göttinger Hainbund blieb auf der Strecke; ich konnte nicht zum entscheidenden Verlagsgespräch nach Leipzig reisen. Nicht immer nahm die Bevölkerung die Absperrmaßnahmen völlig widerspruchslos hin. So erzählte später, als wir wieder reisen durften, Pastor Keller in Trantow, in dieser Gegend sei ein Aufsichtsposten, entgegen Weltkriegserfahrungen nur mit einem einzelnen Mann besetzt, überfallen und überrannt worden …

Die Fakten für meine Reportage sammelte ich am 27. 3. 82. Meine Arbeit wurde von Redakteuren der CDU-Zeitung »Der Demokrat« gelobt, aber wie eine heiße Kartoffel behandelt. Man wollte sich durch Einverständniserklärungen vom Kreistierarzt oder von einem Mitglied des Krisenstabes bei der Veröffentlichung absichern. Doch ich bekam diese Unterschrift nicht. Der amtierende Kreistierarzt Dr. Seils reichte meine Arbeit an den damals bei ihm im Amt weilenden Dr. Kleiner vom Institut für angewandte Tierhygiene Potsdam weiter. Beide Herren lächelten fein, und Dr. Seils schrieb am 8. 4. 82 in der »Ostsee-Zeitung« einen langen Artikel, in dem hervorgehoben wurde, die MKS habe 1951/52 in der BRD einen Schaden von 400 Millionen Mark verursacht. In der DDR sei 1950 »die Flächenimpfung aller Rinder gegen MKS« eingeführt worden. Es fragte sich nur, warum es trotzdem zum Ausbruch der Seuche gekommen war. Ich wollte in meinem Artikel »zwischen den Zeilen« etwas für den Tierschutz tun. Das Dogma von der absoluten Richtigkeit der sozialistischen Landwirtschaftspolitik war durch die aktuellen Ereignisse erschüttert worden.

Ich fand einen neuen Weg, meine Reportage »absegnen« zu lassen. »Unter der Hand« erfuhr ich, daß ein Dr. Böhme vom Ministerium für Land-, Forst- und Nahrungsgüterwirtschaft aus Berlin am 7. 4. 82 beim Krisenstab in Greifswald in der Fischstraße weile. Und es gelang mir, diesen Dr. Böhme zu sprechen, allerdings zum nicht geringen Unmut des Krisenstabes, zu dem auch der Stadtrat für Umweltschutz und Wasserwirtschaft, Dr. Alfred Gomolka, und Kreistierarzt Dr. Berdau gehörten. Zu einem längeren Gespräch kam es dann abends im Hotel „Boddenhus«, wo Dr. Böhme wohnte.

Er sagte: Wir wissen um die übermäßige Tierkonzentration im Norden. Wir wissen, daß der Tierschutz bei diesen Tierkonzentrationen nicht anwendbar ist, aber wir müssen das Fleischaufkommen schaffen.

Und nachdem er meine Reportage gelesen hatte, sagte er: Sehen Sie mal, so geht das nicht, mit all diesen Namen. Der Bezirksarzt hat einen Sack Geschenke bereitgestellt. Die werden im Seuchengebiet verteilt. Das reicht für solche Leute. Sie kriegen alle etwas, was es sonst nicht gibt.

Stempel und Unterschrift zur Veröffentlichung meiner Reportage erhielt ich nicht. Aber das Papier mit der Reportage behielt Dr. Böhme. Die Interviewten wurden später belohnt. Sie erhielten Bananen, Prämien und einer sogar eine Reise in die Sowjetunion. Über diese hohe Auszeichnung hat er sich sehr gewundert …

Im Stammbuch geblättert

Über die einzelnen Mitglieder des »Hainbundes« – jenes romantischen Dichterkreises in Göttingen von 1772 – haben wir genaue Angaben aus dem Stammbuch von Christian Hieronymus Esmarch. Da reihen sich Lebensdaten, Lobeshymnen und Totenklagen aneinander. So heißt es zum Tod von Ludwig Heinrich Hölty und Carl Wilhelm von Closen 1776: »Ihr Edleren, ach es bewächst / Eure Maale schon erstes Moos! / O wie war glücklich ich, als ich noch mit Euch / Sahe sich röthen den Tag, schimmern die Nacht!«

Seit 1982 führe auch ich ein Stammbuch.

Am 4. 12. 82 schreibt der Greifswalder Stadtrat (jetzt Ministerpräsident von Mecklenburg-Vorpommern) Dr. Alfred Gomolka:

»Mühlsteine – in Bewegung gesetzt / und in sich starr und leblos / zerkleinern die Körner / aus denen das Leben keimt. / Notwendigerweise!?«

Gewidmet waren diese Zeilen »aus der eigenen kleinen Küche« der »Frau meines Freundes, unermüdliche Streiterin für die Tiere und den Tierschutz«. Das sollte – ganz speziell für mich – Empfehlung sein »zur bisweilen notwendigen heiteren Gelassenheit«.

Im Mai 1986 schreibt der Greifswalder Kreistierarzt (jetzt Amtstierarzt) Dr. Gustav Seils:

»Mein persönlicher Respekt gilt vor allem Ihrer vorbildlichen Öffentlichkeitsarbeit, die mir, der Sache dienend, sehr wichtig erscheint. – Meine Verbundenheit möge sich in der kleinen Kinderzeichnung ausdrücken! Bockwurstessender Kater mit himmelblauen Augen.«

Am 19. 7. 86 schreibt Werner Adler aus Dersekow im Kreis Greifswald, Stalleiter in Neu Pansow:

»Zunächst möchte ich ein herzliches Dankeschön vorausschicken. Wenn auch unsere erste Begegnung nicht die beste war.

Doch nun zu dem großen Problem, das Sie, Frau Lohfink, am 28. 2. zu mir führte. Ich bekam schon 14 Tage vor dem 28. 2. sehr schlechtes Futter. Die Hinweise, die ich an unsere Funktionäre richtete betreffs Futter, wurden aber nicht beachtet. Es ging unser Vorsitzender sogar soweit, daß er behauptete, ich würde die Tiere nicht richtig tränken. Er brachte es fertig und fuhr vormittags während meiner Abwesenheit zu meinem Arbeitsplatz Neu-Pansow um 11 Uhr und tränkte die Färsen. Als wir nachmittags zur Arbeit kamen, brüllten die Tiere wie an den Tagen vorher. Wir hatten nun nicht nur die Arbeit, den Abraum aus den Krippen zu räumen, sondern mußten auch noch das Wasser (Jauche) ausschöpfen. Dieses alles hat sehr viel Ärger gegeben, doch dann! Am 28. 2. 86 so gegen 18 Uhr hatte man Sie, Frau Lohfink, benachrichtigt, daß ich die Tiere nicht ordnungsgemäß versorge. Daß es also eine Mißhandlung sei. Nun bat ich Sie, sich an Ort und Stelle zu überzeugen. Ich sehe noch Ihr Gesicht, Frau Lohfink, als Sie diesen Misthaufen (Futter) liegen sahen. Am Montag, dem 3. 3. 86, bekamen wir Anwelk-Silage. Nun waren die Tiere und auch wir, meine Frau und ich, wieder zufrieden.

Liebe Frau Lohfink. Ich möchte mich nun für Ihren Einsatz und Ihre Liebe zu den Tieren ganz herzlich bedanken. Hochachtungsvoll Werner Adler«

Angefangen hatte es, wie so oft in Tierschutz-Angelegenheiten, mit einem anonymen telefonischen Anruf aus Neu Pansow. Die Anruferin war eine Frau, die das Hungergeschrei der Sterken (unbesamte Jungkühe) nicht mehr aushielt. (Sie, eine Frau Kniep, wurde später von der LPG schnell ermittelt, da Neu Pansow nur ein einziges Haus mit Telefon hat, und ihr wurde angeblich »ordentlich die Meinung gesagt«.)

Der Anruf erfolgte an einem Freitag. Der Kreistierarzt war nicht da. Ich fuhr mit meinem Trabi nach Neu Pansow. Schon von weitem hörte ich das Schreien der Tiere aus der verschlossenen Stallung. Ich fuhr zu Stalleiter Adler nach Dersekow in die Wohnung. Der zeigte mir in Neu Pansow das Futter für die Tiere: Schneeklumpen, Erdklumpen, Steine, Plastiktütenfetzen und etwas Silage, die übel roch. Ich informierte Peter Müller, den Leiter der Arbeiter- und Bauerninspektion vom Kernkraftwerk Lubmin bei Greifswald, das heißt, ich bat Peter Müller am Telefon flehentlich um Hilfe in dieser Angelegenheit. Der gab dem Diensthabenden beim Rat des Kreises die Weisung, brauchbares Futter nach Neu Pansow zu fahren, und 206 Sterken waren gerettet.

Peter Müller war mir zu Dank verpflichtet gewesen. Am 29. 6. 84 hatte er in mein Stammbuch geschrieben:

»Unser Ausbrecher Mohr, Deutscher Schäferhund, war 9 Tage verschwunden. Ich wandte mich an alle nur möglichen Institutionen, leider vergeblich. Dr. Seils verwies mich an Frau Lohfink. Sie war sofort zur Hilfe bereit, nannte mir einige Namen, schon der erste Name war der richtige ...«

Bei der nächsten Sitzung des Beirates für Tierschutz und Tierhygiene fragte mich die Protokollantin, ob ich nach diesem Vorkommnis noch Beiratsmitglied bleiben wolle. Ich hatte nämlich den Fuß in eine LPG gesetzt, was mir als Tierschützerin verboten war.

Ich pochte auf mein Recht als Bürgerin, das die Pflicht zur Hilfeleistung bei Notsituationen einschloß, und fuhr nach Berlin. Im Staatsratsgebäude war dort dienstags Bürgersprechstunde. Das wußten vor allem kritische Bürger und solche, die »Anträge auf ständige Ausreise« gestellt hatten.

Die junge Frau, der ich am 3. 6. 86 in Berlin gegenübersaß, hörte mir halb interessiert, halb unwillig zu. Sie erkundigte sich, wie man das niederdeutsche Wort »Sterken« schreibe. Sie hatte offenbar Schlimmeres erwartet. Beeindruckt schien sie lediglich von der ökonomischen Rechnung: Der Tod von 206 zukünftigen Milchkühen hätte der Gesellschaft einen Verlust von mindestens einer Million Mark bedeutet.

Am 14. 7. 86 erhielt ich ein Schreiben, in dem es hieß: »Wir haben darum gebeten, in der Mitgliederversammlung des Beirates nochmals eine sachliche Auswertung Ihrer Eingabe vorzunehmen und hoffen, daß die Arbeit und die Aufgaben im gegenseitigen Einvernehmen und gesellschaftlichen Interesse gelöst werden. Mit sozialistischem Gruß. Anduleit«

Das war der rettende Schlußsatz für meine weitere ehrenamtliche Beiratstätigkeit. Vorher war nochmals betont worden, daß die Beiratsmitglieder »nicht zuständig sind für die Einhaltung des Tierschutzes und der Tierhygiene in Produktionsgenossenschaften sowie volkseigenen Betrieben und Einrichtungen«.

Meine journalistische Tierschutzarbeit, hatte der Tierarzt und Beiratsvorsitzende Klaus Möller betont, war ohne seine Erlaubnis erfolgt und gegen seinen Willen. Eines Tages holte er sich die Zeitungsausschnitte bei mir ab. Sie bildeten die Grundlage für die Abschlußarbeit seines Zusatzstudiums der »Staatsveterinärkunde«. Das geschah 1989, unmittelbar vor der Wende in der DDR, und war für mich spätes Lob für stetes Schwimmen gegen den Strom.

Ich weiß nicht, ob ich jemals jene »heitere Gelassenheit«, die mir Dr. Alfred Gomolka 1982 wünschte, erreiche. Bisher gibt es keine Anzeichen dafür.

Ein Hausbesuch bei sechstausend Rindern

Massentierhaltung in sozialistischen Großanlagen bedeute einerseits hohe Arbeitsproduktivität, andererseits Qual und Streß für die Tiere sowie Abstumpfung, manchmal sogar Verrohung für die dort beschäftigten Menschen. In den Landwirtschaftlichen Produktionsgenossenschaften (LPG) waren Tier und Pflanze getrennt, und die Kuh war im Sozialismus lediglich ein »Stufenprodukt«, nicht mehr Teil der Schöpfung. Dieser Sozialismus ist passé, aber noch sind Tiere die Opfer.

Tierschutz in den LPGen? Prinzipielle Kritik hätte Staatsverleumdung bedeutet! Und die Tierärzte in den Großstallungen waren machtlos. Das Stufenprodukt Kuh wurde industriemäßig betreut: Die eine Brigade war mit der Futterzufuhr, eine andere mit der Milchentnahme beschäftigt. Was zwischen dem »Ein« und dem »Aus« lag, war uninteressant, nämlich das Wohl der Tiere. Es war der totale Triumph der Bürokratie, auch Plandisziplin genannt. Es kam vor, daß Kühe reihenweise nicht ausgemolken wurden und dann an Eutererkrankungen litten. Der zuständige Stallarzt durfte angeblich kaum Kritik äußern. Das wäre eine Beleidigung der Werktätigen gewesen, die doch täglich um die Planerfüllung rangen.

LPG-Chef Reinhard Friede bestätigt, daß sein Betrieb »Thurbruch« in Benz-Labömitz auf der Insel Usedom (Kreis Wolgast) mit 800 Rindern anstelle der bisher 6379 (Stand vom 3. 12. 1990) durchaus noch überlebensfähig wäre. Sein Mitarbeiter Rüdiger Lenz, verantwortlicher Produktionsleiter und im verborgensten Winkel seines Herzens echter Bauer, weiß um die Dringlichkeit von Umgestaltung und Umdenken in der Landwirtschaft. Auch LPG-Tierarzt Dr. Lutz Piehler nennt die Problematik beim Namen, macht sich nichts mehr vor: Wie können Kühe auf immer nassem Beton gesund bleiben? Und der Wolgaster Amtstierarzt Dr. Loepelmann warnt davor, die alte Plandisziplin durch neuen Ökonomismus, durch neue Scheinökonomie, zu ersetzen. Es müsse endlich aufgehört werden, Schindluder mit den Tieren zu treiben. Der Amtstierarzt sieht es als Alarmzeichen an, wenn in den Knochen von Ostseemöwen Oxytetracyclin nachgewiesen wird, ein Antibiotikum, das eventuell in Skandinavien (?) verbotenerweise zur Mast von Schlachttieren eingesetzt werde.

Soeben, am 22. 12. 90, erfahre ich, daß Jungrinder, die in Groß Ernsthof im Kreis Wolgast bislang noch auf der Weide waren, endlich ein Dach über dem Kopf bekamen. Vorausgegangen waren massive Forderungen des Tierschutz-Vereins Vorpommern und Erörterungen während der Sitzung des Kreistages Wolgast am 3. 12. 90.

Kurz vor Weihnachten nun also geschah die gute Tat in Groß Ernsthof. Wir haben eine christliche Regierung. Im Stall zu Bethlehem, wo uns der Heiland geboren wurde, standen Ochs und Esel friedlich geborgen an ihrer Krippe. Und ein Engel war den Hirten erschienen, die des Nachts auf dem Feld die Herden hüteten. (In der Antike wurden die Rinder nachts oder am frühen Morgen auf die Weise getrieben, um sie vor den blutsaugenden Insekten zu schützen. Und Hirt der Herden war ein angesehener Beruf.)

Wie geht das zusammen: christliche Weihnacht und Intensivtierhaltung auf immer nassem Beton? Aus dem Kreis Wolgast kommt ein Hoffnungsschimmer. Es gab dort beim Kreisausschuß grünes Licht für eine Kommission zur Unterstützung der Landwirtschaft. Dieser zeitweiligen Arbeitsgruppe sollen auch Tier- und Umweltschützer angehören.

Notwendig ist eine artgerechte und umweltfreundliche Tierhaltung. Dazu gehören helle freundliche Kuhställe mit Stroheinstreu im Winter und der Weideaustrieb im Sommer. Anzahl der Tiere und Bodenfläche müssen in einem vernünftigen Verhältnis zueinander stehen. Die Gülle verseucht unser Grundwasser. Und wir wollen keine Milch trinken, in die Blut und Eiter von gequälten Kühen geflossen sind.

Ein Melker aus Bandelin im Kreis Greifwald sagte mir: Das erzählen Sie mal dem Vorstand. Der hat den Amtstierarzt Dr. Seils hinter sich und ist unbelehrbar. – Er selbst, der Mann vom Melkkarussell, habe die Hoffnung längst aufgegeben.

Dürfen wir uns weiter hinter Kerzenschein und Krippenspiel verbergen, während nebenan die alte sozialistische Intensivtierhaltung weitergeht? Das Jesuskind hätte wohl kaum in einem Intensivtierstall zur Welt kommen können.

Übrigens ist Amtstierarzt Dr. Seils Mitglied der SPD. Wann gedenkt diese Partei ihre Rolle als Opposition in der Landwirtschaftspolitik konkret aufzunehmen? In ihrem Wahlprogramm für Mecklenburg-Vorpommern war die Rede vom konstanten Abbau des übermäßigen Tierbestandes und von einer artgerechten Form der Tierhaltung. Diese Theorien sollten endlich in die Tat umgesetzt werden. Dazu gehört auch, daß das Kuh-KZ in Bandelin im Kreis Greifswald verschwindet. ... Das waren meine Gedanken am Ende des Jahres 1990, die ich in zwei Zeitungsartikeln artikulierte. Der eine Artikel mit der Überschrift »Aus meiner Sicht« war für die Tageszeitung »Der Demokrat« (vormals CDU-Organ im Norden der DDR, jetzt unabhängig) bestimmt, wurde aber bis jetzt (6. 1. 91) nicht gedruckt. Vielleicht nimmt ihn später der »Demokrat«-Redakteur Hans-Jürgen Schumacher auf die Vorpommern-Seite seiner Zeitung. Jetzt ist er erst einmal krank. Als ich ihn zuletzt sprach, deprimierte ihn Weltuntergangsstimmung wegen der Golfkrise.

Und mit seinem Kollegen Joachim Puttkammer, bislang evangelischer Pfarrer am Greifswalder Dom, fand ich keinen Konsens.

Am 12. 6. 89 zitierte die »Ostsee-Zeitung« den damaligen Bischof Dr. Gienke: »Welch einen Weg haben Marxisten und Christen in diesen 40 Jahren unseres Landes zurückgelegt!« Gesprochen wurde dieser Satz nach der Wiedereinweihung des Greifswalder Doms am 11. 6. 89 bei einem Treffen von Honecker und Dr. Gienke im Greifswalder Rathaus. Auch Pastor Puttkammer war damals zugegen gewesen. Bei der Domwiedereinweihung hatte er für China gebetet. Die Fürbitte galt den Studenten, die auf dem »Platz des Himmlischen Friedens« in Peking zusammengeschossen worden waren. Wohl alle empfanden die Worte »für China« damals so. Es waren mutige Worte. Beim Treffen im Rathaus gab Honecker der Berliner Mauer noch hundert Jahre Bestand. Inzwischen sind Honecker und Dr. Gienke amtsenthoben, und Joachim Puttkammer ist Angestellter bei einer Zeitung geworden. Wahrlich, welch ein Weg und welch saure Früchte am Ende dieses Weges! Aber Ignoranz ist kein Mittel, um sie zu überwinden.

Meinen zweiten Artikel mit der Überschrift »Wann verschwindet das Kuh-KZ Bandelin im Kreis Greifswald?« schrieb ich für die schon erwähnte »Ostsee-Zeitung«, ehemals SED-Bezirksorgan, im Volksmund »Küsten-Prawda« oder »Wasser-Prawda« genannt. Jetzt nennt sich die »Ostsee-Zeitung« im Untertitel stolz »Die Unabhängige im Norden«. Meinen Artikel funktionierte sie am 4. 1. 91 zu einem Leserbrief mit der Überschrift »Kühe in Bandelin auf immer nassem Beton« um. Wie in alten SED-Zeiten wurde der Text vorsichtig entschärft, weggelassen, was »Name und Hausnummer« war. Ist es alte deutsche Treue, die jetzt Arbeitsplätze um jeden Preis erhalten will? Immerhin waren die unmenschlichen Konzentrationslager für Menschen einigen Leuten auch »Arbeitsplätze«. Mit sauberen Baracken, Krematorien und Hagebuttenanpflanzungen. –

Wie war es überhaupt zu einer öffentlichen Diskussion über die Tierhaltung in den LPGen im Norden der neuen Bundesländer gekommen? Angefangen hatte es am 14. 11. 90 mit einem Artikel von Berit Poppe im »nordkurier«, vormals SED-Organ »Freie Erde« für den Bezirk Neubrandenburg.

In diesem »nordkurier«-Artikel hieß es unter der Überschrift »Katastrophale Zustände in der LPG Thurbruch« über die Jungrinderanlage dieser LPG in Benz-Labömitz: »Kurzarbeit bedeutet hier, daß von 16 bis 7 Uhr kein Mensch da ist, der helfend eingreift. Die Färsen kalben; da niemand da ist, ersticken die Kälber entweder schon im Mutterleib oder fallen direkt in die Gülle. Wenn man sie rechtzeitig findet, werden sie versorgt und in Extraboxen gebracht. Auch die Tiere, bei denen das Einsetzen des Geburtsvorganges vorher bemerkt wird, kommen da hinein. Dort gibt es wenigstens Stroh als Unterlage, jedoch die Türen stehen halb offen, und der Anblick der zitternden Kreaturen ist ein jämmerlicher. Morgens wird in der Gülle nach Kälbern gesucht, solche, die bei der Masse an Tierbestand nicht gefunden werden, erwischt die Schleppschaufel. Die Schlosser finden die Kadaver dann bei den verstopften Güllepumpen!«

Mittelalterlicher Aberglauben hatte das Tier zum Teufel herabgewürdigt, seichter Aufkläricht zur Reflexmaschine, die unfähig sei, Schmerzen zu empfinden und zu leiden. Der real existierende Sozialismus hatte ein dritte entwürdigende Erklärung hinzugefügt: Das Tier sei von schier unbegrenzter Anpassungsfähigkeit. Über die verheerenden Folgen dieser Irrlehre drangen nur Gerüchte an die Öffentlichkeit.

Für den Tierschutz gehörten die Intensivtierhaltungen in der DDR zu den Tabuzonen dieses am 3. Oktober 1990 untergegangenen Staates. Der Versuch, dort »unbefugt« einzudringen, hätte Zuchthaus eingebracht. Geheimhaltung war das Ziel, Hygiene sowie Ordnung und Sicherheit hießen die Vorwände. Es entstanden Reportagen und Kunstwerke – Meisterleistungen des sozialistischen Realismus voll Sentimentalität und Harmonie, mitunter auch versteckt-kritisch. Den Kühen ging es angeblich gut im Sozialismus, den Kuhpflegern und Melkern ebenfalls. Sie hatten Orden der sozialistischen Arbeit an den weißen Kitteln, und die Lehrlinge wohnten in Puppenheimen.

Doch die Gerüchte besagten, die Großstallungen seien wahre Tierhöllen, in denen Tag und Nacht das Licht nicht ausgehe und die Leiden nicht enden würden. Von Kühen war die Rede, die, im

Melkkarussell eingeklemmt, grausame Verletzungen erlitten. Und die Melker mußten kurz nach Mitternacht ihre nerven- und knochenzermürbende Arbeit beginnen. Es erfolgte eine ständige Zunahme der Tierkonzentration: Die schlecht gehaltenen Tiere brachten nicht die geplante Milchleistung, also mußten überplanmäßige Tiere in die Ställe gezwängt werden. Das wiederum vergrößerte den Futtermangel und das Tierelend.

In einem »Spiegel«-Artikel vom 23. 7. 90 wurden die intensiv gehaltenen DDR-Kühe mit Kühen »aus der Sahel-Zone« verglichen, und es war die Rede von »ausgemergelten Tiere(n), die auf dem rutschigen Rost schwächlich der Melkanlage entgegenstaksen«. Mit der Veröffentlichung im »Nordkurier« vom 14. 11. 90 hielt ich endlich einen »einheimischen« Bericht in Händen, und ich sah mich plötzlich als Tierschützerin nicht allein, nicht mehr als einsame Ruferin in der Wüste. Und ich reagiere schnell: Ich stürme als Präsidentin des Tierschutz-Vereins Vorpommern in die Zeitungsredaktionen! Der Ausdruck »stürmt« stammt aus einem »Demokrat«-Artikel vom 27. 11. 90. Er hat die Überschrift: »›Kuh-KZ‹ auf Usedom: Tierschutzverein entsetzt!« und wurde von Redakteur Hans-Jürgen Schumacher geschrieben.

Am 3. 12. 90 bekam der Tierschutz-Verein Vorpommern Besuch von der Fernseh-Redakteurin Inge Kalisch, die mich eingehend zur Problematik Tierschutz interviewte. In der am 5. 12. 90 ausgestrahlten Sendung »Nordmagazin« des Landessenders Mecklenburg-Vorpommern kamen auch die »nordkurier«-Redakteurin Berit Poppe und deren Gewährsfrau Kordula Kopmann sowie weitere LPG-Mitglieder zu Wort. Auch eine lange Reihe magerer, dicht gedrängt stehender Rinder wurde gezeigt. Ich bedauerte sehr, daß von meinen Ausführungen nur wenige Sätze gesendet wurden. Berit Poppe distanzierte sich teilweise von ihrem mutigen Artikel, indem sie von einer nichtgewollten »Medienschlacht« sprach. Doch ihr Artikel, angeregt von Kordula Kopmann, einer jungen LPG-Angestellten aus Benz, war ein notwendiger Urknall in Sachen Tierschutz.

Die »Medienschlacht« hatte im »Demokrat« die Artikel-Überschriften: »›Demokrat‹-Enthüllungen wirbelten Staub auf« –

»Tiere durch Gesetz geschützt« – »Kommt es zum Prozeß gegen Demokrat-Redakteur?«. In der »Ostsee-Zeitung« erschien der Artikel »Es stinkt wahrlich zum Himmel«, geschrieben von meinem Mann in seiner Eigenschaft als Kreistagsabgeordneter der SPD.

Auch zwei Gegendarstellungen seitens der LPG »Thurbruch« in Benz-Labömitz erschienen. Im »Demokrat« hieß es: »›Übertriebene Äußerungen‹«, in der »Ostsee-Zeitung« hieß es: »Landwirte verwahren sich gegen Vorwurf der Tierqualerei«. Der Vorstand der Genossenschaft (in der »Ostsee-Zeitung« Druckfehler »Vorstand der Genossen«) und die Tierpfleger der JRA (Jungrinderanlage) protestierten. Namentlich wurden lediglich I. Lohfink und K. Kopmann genannt. Angedroht wurde in der »Ostsee-Zeitung« nach altbewährter Manier der SED-Genossen, »gerichtlich vor(zu)gehen«.

Wir waren im Kuh-KZ! In der Einladung an »Frau Lohfink und alle Informationsträger« hatte es nicht gerade übermäßig freundlich geheißen: »Sollten Sie diesen Termin nicht wahrnehmen, gewinnen wir den Eindruck, daß Sie mit den Leuten dieses Schreibens doch wohl ein schlechtes Gewissen bekommen haben, nur auf Gerede gehört, ohne etwas gesehen zu haben, oder einen parteilichen Wahlrummel auf Kosten der sowieso schon gebeutelten Bauern zu betreiben.«

Am 7. 12. 90 folgten wir, »Demokrat«-Redakteur Hans-Jürgen Schumacher und ich, dieser Einladung in die LPG »Thurbruch« in Benz-Labömitz. Bestellt waren wir für den 8. 12., doch wir fuhren mit der vom »Demokrat« bezahlten Taxe schon einen Tag früher los, um, wie Hans-Jürgen Schumacher bemerkte, »in einen ungefegten Stall zu kommen«. Und als wir vor dem weitläufigen Gebäudekomplex aus Beton mitten in der Heidelandschaft standen, war natürlich kein Mensch da. Graue kahle Wände ragten in den wolkenzerrissenen Himmel, und ein hoher Zaun umgab die riesige Anlage.

Wir suchten. Auf einer nahegelegenen Anhöhe entdeckten wir eine freundlich gelb gestrichene Bürobaracke. Und endlich fanden wir auch eine Buchhalterin, die uns sagte, daß »Chef Friede« weggefahren sei und daß es ungewiß wäre, ob er heute wiederkäme. Sein Stellvertreter käme jedenfalls heute nicht wieder. Doch die

Buchhalterin wurde uns nicht los. Als wir sogar mit Übernachtung drohten, fiel der Name eines Verantwortlichen, der auch tatsächlich anwesend sei: Rüdiger Lenz.

Und nun war auch die »Wache« besetzt. Die Kollegin Pförtnerin war abwesend gewesen, um Herrn Lenz zum Telefon zu rufen. Es ging bei diesem Telefonat um die so raren Futtermittel der LPG. Die Szene belebte sich. Der Tierarzt Dr. Lutz Piehler kam hinzu. Unsere eigenen Schuhe zogen wir nun aus und betriebseigene Gummistiefel an. Der Redakteur Hans-Jürgen Schumacher und der Taxichauffeur Sven Dauskat bekamen schwarze, ich rote. Trotz Grabeskälte mußten wir auch unsere Anoraks aus- und dünne blaue Arbeitskittel anziehen. Eigentlich hätten wir vorher noch duschen müssen, doch das wurde uns erlassen. Es wurde plötzlich viel gelacht. Und endlich durften wir in einen der Ställe eintreten, in den Jungrinderstall. Das war eine große langgestreckte Halle, deren Tore vorn und hinten weit offenstanden. Sie erinnerte an einen Hangar, unter dessen hohem Dach der Sturm orgelte, unwirtlich und weltfern.

In der riesigen Halle waren die Jungrinder zunächst nur düstere Schatten zu beiden Seiten eines Mittelganges. Zwei flache Streifen Silage zogen sich durch die Halle; denn es war gerade Fütterungszeit, und ein Mechanisator saß auf einem Futterstreuer und verteilte ein wenig Schrot über das braune Gärfutter am Boden der Halle. Hunderte von Rinderköpfen waren gierig über das Futter gebeugt. Doch die Tiere hatten keine Ruhe zum Fressen, ja nicht einmal zum Stehen: Unausgesetzt arbeitete der Gülleschieber, die Schleppschaufel, unter ihren Füßen. Diese Vorrichtung erzeugte ein immer wiederkehrendes ratterndes und kreischendes Geräusch.

Als wir einzelne Tiere näher in Augenschein nahmen, bot sich uns ein erschütternder Anblick. Die klapperdürren Rinder waren an Bauch und Beinen von einer nassen Schmutzschicht bedeckt. Viele standen unsicher auf den dünnen Beinen, offenbar schmerzten ihre Hufe und Gelenke. Als Schlafplätze der Tiere dienten Betonsockel – wahre Prokrustesbetten, nämlich zu schmal und zu kurz für die Tiere, so daß sie beim Liegen in die Gülle zu rutschen drohten. Dr. Piehler verwies darauf, daß der glitschige Beton bei den Tieren leicht zu Knochenbrüchen führe. Wärmendes Stroh könne nicht eingestreut werden, da sonst die Güllepumpen verstopften. Bei Frostwetter wäre der Güllestand am Boden des Stalles höher als jetzt. Ich begriff plötzlich, wie die zur Unzeit geborenen Kälber zu Tode kamen.

Als wir dann alle im Sozialgebäude der LPG beieinandersitzen, erscheint auch Reinhard Friede. Und mit einem Mal sind wir alle einer Meinung: So wie bisher kann es nicht weitergehen, und trotzdem wird die pommersche Landwirtschaft, einst weltberühmt, überleben. Wenn Bundeskanzler Helmut Kohl Urlaub am Wolfgangsee macht, dann besucht er laut Presseberichten auch den hellen freundlichen Kuhstall mit Stroheinstreu am Urlaubsort. Und im SPD-Programm heißt es: »Die Tierhaltung ist ordnungsrechtlich abgesichert, flächenüberzogen durchzuführen.« Das heißt im Klartext: Nicht alle fünfzig Kilometer soll ein gülleproduzierendes Kuh-KZ stehen, sondern etwa alle zehn Kilometer ein umweltfreundlicher Stall, in dem sich die Tiere wohlfühlen. So wie am Wolfgangsee soll es auch bei uns in Vorpommern sein, umweltgerechte und tierfreundliche Landwirtschaft muß mit sanftem Tourismus verknüpft werden. Dabei können verschiedene landwirtschaftliche Eigentumsformen nebeneinander bestehen, einzelbäuerliche Wirtschaften und kleine Genossenschaften.

»Chef Friede« war, wie er da so saß, schlank und drahtig, durch und durch der Typ des neuen Unternehmers. Er hätte schon eine eigene Wirtschaft, bekäme aber noch sein volles Gehalt von der LPG, die er aufzulösen habe. Der stämmige Rüdiger Lenz wirkt bedächtig und zuverlässig. Er zeigt auf seinen Chef. Dem habe er das Bauersein beigebracht, auch das Reiten. Beide Männer lachen. Rüdiger Lenz arbeitet für das halbe Gehalt täglich zwölf Stunden. »Als noch Vollbeschäftigung war«, sagt er, »hatten es die Tiere besser.«

Dr. Piehler bemerkt, er benötige für die Tiere monatlich Medikamente im Wert von etwa tausend Mark. Er macht auf einen Skandal aufmerksam: Leukosekranke Tiere seien in den Altbundesländern geradezu gefragt! Sie brächten den neuen Besitzern großzügige staatliche Stützung ein. Viele klapperdürre Rinder aus der Ex-DDR würden in Westdeutschland industriemäßig zu Hundefutter verarbeitet.

Taxifahrer Sven Dauskat schwieg. Er dachte sich sein Teil und erzählte auf der Heimfahrt, er habe die cleveren Westbosse mit den dicken Autos und Brieftaschen gesehen, die während unserer Stallbesichtigung, die er nicht lange aushielt, aufgekreuzt wären.

Auch Redakteur Hans-Jürgen Schumacher sagte nicht viel. Er schrieb am 18. 12. 90 im »Demokrat« resigniert: »Kuh Nr. 9887 glotzt mich an, als wolle sie blöken: ›Du kannst mir auch nicht helfen!‹« Und würden wir uns im Fabelreich befinden, so müßte ich wahrscheinlich mit ›Ja‹ antworten ...«

Trotz alledem ist das aber für mich kein Schlußwort.

Nachtrag:

Seit dem Frühjahr 1991 arbeitet im Kreis Wolgast ein Beirat für Tier-, Umwelt- und Naturschutz. Vorsitzender war Landrat Karl Paetzold, der aber am 11. März nach noch nicht einjähriger Amtszeit zurücktrat, abgelehnt von seiner eigenen Partei, der CDU, und von den Sozialdemokraten. Schon am 3. Dezember 1990 war sein Bericht zur Situation in der Landwirtschaft vor dem Kreistag Wolgast als »billige Abspeisung« der Abgeordneten empfunden worden. Nun regiert ein neuer Landrat, er kommt aus Hamburg, wo er Rechtsanwalt war. Noch wohnt er auf dem Dachboden des Pfarrhauses in Krummin auf Usedom und muß sich als ehemaliger Wessi mit den Problemen der Ossis vertraut machen.

Die Großstallungen der LPG »Thurbruch« Benz-Labömitz stehen seit Anfang Mai 1991 leer, die Rinder wurden zu Schleuderpreisen verkauft. Viele landeten wohl oder übel in den Hundefutterfabriken, aber eine Sterkenherde überlebte den Bankrott und grast am Schwarzen Berg bei Stolpe auf Usedom. Der neue Besitzer der Sterken ist ein Wessi, der Hirte ein Ossi. Bis zuletzt hatte sich die LPG-Leitung vergeblich bei der Treuhandanstalt in Berlin und bei der Landesregierung in Schwerin um die Streichung der finanziellen Altlasten, der Millionenschulden, bemüht. Kein neuer Besitzer hätte, weder als Privatbauer noch als Gesellschaft mit beschränkter Haftung, den Betrieb mit dem Schuldenberg übernehmen können. Hinzu kommen die Altlasten anderer Art: ölverseuchte Erde unter Melkständen, die Güllebecken mit ihren Abflüssen via Gothensee in die Ostsee, die riesigen Hallen der Massentierhaltung. Diese Hallen müssen, sollen sie nicht groteske Denkmäler bleiben, eventuell als asbesthaltiger Sondermüll abgebaut und endgelagert werden.

Das Thurbruch, jene reizvolle Landschaft auf Usedom, soll Landschaftsschutzgebiet oder Landschaftspark werden. Dazu gehören sanfter Tourismus und extensive Weidewirtschaft. Das Land soll weder plattgetrampelt werden noch darf es versteppen. Mit der Versteppung würden seltene Tier- und Pflanzenarten aus der Region verschwinden.

Thesen zur Gründung einer Tierschützer-Partei (TSP)

1. Politische Bewegungen, die den Tierschutz ausgrenzen, sind im Endeffekt zum Scheitern verurteilt. Das zeigt der »real existierende Sozialismus« in Europa.

2. Die geistigen Quellen der TSP sind
- »Ehrfurcht vor dem Leben« (Albert Schweitzer)
- Streben nach »Bewahrung der Schöpfung« (Konziliarer Prozeß der Kirchen)
- Streben nach Umweltschutz (von allen bisherigen Parteien der Gegenwart propagiert, aber stets nur halbherzig durchgesetzt).

3. »Das Tier ist mein Nächster.« (Ingeborg Lohfink)

4. »Wir sind alle Opfer der Gewalt, welche die Tiere erleiden. Ihre Befreiung ist auch unsere Befreiung.« (Motto der spanischen Tierschutzbewegung »Alternativa para la Liberación Animal«)

5. Wichtiger als der »Kampf ums Dasein« (Charles Darwin) ist die Solidarität der Lebewesen. Scheinbar unumstößliche Lehren des 19. Jahrhunderts werden durch neue Erkenntnisse eingeschränkt und widerlegt.

6. Die TSP dient der Harmonisierung der Gesellschaft. So bekämpft sie die Intensivtierhaltung. Diese ist nicht nur Tierquälerei,

sondern schafft auch Gülle und überhöhte Arbeitsproduktivität, das heißt im Endeffekt: Umweltbelastung und Arbeitslosigkeit.

7. Die TSP wendet sich gegen jeden Mißbrauch des Tieres in Wirtschaft, Politik und Kultur.

8. Alle Tierversuche sind schrittweise zu verbieten, zuerst die Versuche an hochentwickelten Tieren wie Affen, Hunden und Katzen. Denn: »Tierversuche mindern die Achtung vor dem Leben und behindern die Einfühlung in das Leiden der Patienten.« (Aus der Grundsatzerklärung der Vereinigung »Ärzte gegen Tierversuche« e.V.)

9. Tiere sind keine Sachen, sondern müssen endlich als Persönlichkeiten anerkannt werden, besonders wenn ein Du-Verhältnis des Menschen zu ihnen besteht.

10. Die vielen Rinnsale tierschützerischer Bemühungen in Vereinen und Vereinigungen müssen zum großen Strom der TSP zusammenfließen. Vereine und Vereinigungen bilden die Grundlage der Tierschutzbewegung, aber besonders engagierte Tierschützer vereinigen sich in einer Partei, um weltweit ihre Forderungen durchzusetzen.

ANHANG

Quellen

A. Literatur (Auswahl)

Allgemeine Deutsche Biographie. Auf Veranlassung und mit Unterstützung seiner Majestät des Königs von Bayern Maximilian II. Herausgegeben durch die Historische Commission bei der Königl. Akademie der Wissenschaften, Leipzig: Duncker & Humblot 1875–1912

Archive: Dr. rer. oec. Willi Griebenow, Greifswald / Siegfried Heuer, Penzlin / Pastor i. R. Heinz Keller, Trantow / Dr. sc. phil., Dr. oec. Günther Rudolph, Berlin / Otto Wolatz, Neu Krien bei Anklam / Werner Wöller, Gützkow bei Greifswald

Arndt, Ernst Moritz Ausgewählte Werke in 16 [4] Bänden. Hrsg. Heinrich Meisner / Robert Geerds. Leipzig: Hesse 1908

Barbusse, Henri Briefe von der Front. An seine Frau, 1914–1917. Aus dem Französischen von Eduard Zak. Hrsg. Horst F. Müller, Leipzig: Reclam 1974

Bauer, Hans Seine Ahnen waren Wölfe. Mit dem Hund durch die Jahrtausende. Leipzig: Brockhaus 1957

Bebel, August Brief an Friedrich Engels vom 14. 11. 1882. In: Aus meinem Leben. Bd. 3. Hrsg. Karl Kautsky. Berlin: Dietz 1946, S. 197

Binder von Krieglstein, Carl Freiherr Ferdinand von Schill. Ein Lebensbild; zugleich ein Beitrag zur Geschichte der preußischen Armee. Berlin: Voss 1902

Bloth, Hugo Gotthard Das Pommernlied und sein historischer Hintergrund. Baltische Studien. Neue Folge. Göttingen: von der Ropp, Bd. 63 (1977), S. 18–33

Brückner, Ernst Theodor Johann Predigten über die gewöhnlichen Evangelien der Sonn- und Festtage des ganzen Jahres. Erster Theil. Neue Aufl. Leipzig: Beer 1789

Brückner, E[rnst] T[heodor] J[ohann] Gedichte. Neubrandenburg: Korb 1803

Buchsteiner, Ilona Großgrundbesitzer in Pommern zwischen 1871 und 1914. Zeitschrift für Geschichtswissenschaft. Berlin: Deutscher Verlag der Wissenschaften, Jg. 37 (1989), S. 329–336

Buhrow, Joachim Professor Andreas Mayer (1716–1782), ein bedeutender Gelehrter der Aufklärungszeit an der Universität in Greifswald. Wissenschaftliche Zeitschrift der Ernst-Moritz-Arndt-Universität Greifswald. Mathematisch-naturwissenschaftliche Reihe. Jg. 33 (1984), S. 11–16

Buske, Norbert Bischof Otto I. von Bamberg. Beginn der Christianisierung des Peenegebietes. Hrsg. im Auftrage der Kirchenleitung der Evangelischen Landeskirche Greifswald. Unter Mitwirkung von Günther Ott und Joachim Wächter. Greifswald: [1978]

Buske, Norbert Die Nikolaikirche in Gützkow – eine kurze Darstellung der Kirchengeschichte des Gebietes um Greifswald. In: Festschrift zu den 700-Jahrfeiern der Greifswalder Kirchen. Greifswald: Evangelische Verlagsanstalt Berlin 1980

Buske, Norbert (Hrsg.) Beiträge zur Geschichte und zur Wiederherstellung 1989 / Dom St. Nikolai in Greifswald. Hrsg. im Auftrag der Evangelischen Landeskirche Greifswald. Greifswald: 1989. Beiträge:

Buske, Norbert / Kirmis, Gunther / Zaske, Nikolaus u. a.

Crepon, Tom Leben und Tode des Hans Fallada. 4. Aufl. Halle / Leipzig: Mitteldeutscher Verlag 1979; s. a. *Liersch, Werner*

Fait, Joachim Die Benediktinerkirche in Stolpe an der Peene. Ein Ausgrabungsbericht und Rekonstruktionsversuch. Greifswald-Stralsunder Jahrbuch. Schwerin: Petermänken-Verlag, Bd. 3 (1963), S. 119 bis 134

Fallada, Hans Jeder stirbt für sich allein. Roman. Hrsg. Günter Caspar. Berlin / Weimar: Aufbau-Verlag 1981

Filipowiak, Włdysław Wolin – Vineta. Wykopaliska zatopionego miasta. Ausgrabungen in einer versunkenen Stadt. Rostock / Stralsund: Kulturhistorisches Museum Rostock 1986

Findeisen, Jörg-Peter Progressives Wirtschaftsdenken in Schwedisch-Pommern zwischen 1650 und 1800. In: 2. Demminer Kolloquium zur Geschichte Vorpommerns. Demmin: Rat des Kreises, Abt. Kultur u. a. 1987

Finelius, Hermann Gedichte [postum, von seinen Freunden hrsg.]. Greifswald: Kunike (in Kochs Verlagshandlung) 1852

Finger, Otto In: *Stiehler, Gottfried* (Hrsg.) Beiträge zur Geschichte des vormarxistischen Materialismus. Berlin: Dietz 1961, S. 213

Gesterding, Carl Genealogien und beziehungsweise Familienstiftungen Pommerscher, besonders ritterschaftlicher Familien. Erste Sammlung. Berlin: Reimer 1842

Haas, A[lfred] Bischof Otto von Bamberg in der pommerschen Volkssage. Stettin: Verlag des Evangelischen Preßverbandes für Pommern 1922

Hartung, Fritz Deutsche Verfassungsgeschichte vom 15. Jahrhundert bis zur Gegenwart. Leipzig / Berlin: Teubner 1914

Häusser, Ludwig In: *Müller, David* Geschichte des deutschen Volkes [...] 13. Aufl. Berlin: Vahlen 1890. S. 391

Herbst, Wilhelm Johann Heinrich Voß. Leipzig: Teubner 1872–76

Hettner, Hermann Literaturgeschichte des achtzehnten Jahrhunderts. Teil III, Bd. 2. 2. Aufl. Braunschweig: Vieweg 1872

Hutten, Ulrich [von] Klagen gegen Wedeg Loetz und dessen Sohn Henning [...] herausgegeben, übersetzt und erläutert von Gottl. Christ. Friedr. Mohnike, Pastor an der St. Jacobi Kirche zu Stralsund und Beisitzer des geistlichen Consistorii daselbst. Nebst einer Einleitung und einigen anderen Jugend-Gedichten des Ritters. Greifswald: Mauritius 1816

Kantzow, Thomas Chronik von Pommern in hochdeutscher Mundart, Letzte Bearbeitung. Hrsg. Georg Gaebel. Stettin: Niekammer 1897

Knapp, Alwin Genetische Stoffwechselstörungen. 2. Aufl. Jena: Gustav Fischer 1977

Kraemer, Hans (Hrsg.) Das XIX. Jahrhundert in Wort und Bild. Politische und Kultur-Geschichte. Bd. 1. Berlin / Leipzig / Stuttgart / Wien: Bong o. J.

Krause, Werner / Graupner, Karl-Heinz / Sieber, Rolf (Hrsg.) Ökonomenlexikon. Berlin: Dietz 1989, mit Beiträgen von

Rudolph, Günther / Schilar, Hans

Kuczynski, Jürgen zit. bei *Findeisen, Jörg-Peter*

Kusch, Walter Ein merkwürdiger Taufstein. Baltische Studien. Neue Folge. Marburg: Elwert, Bd. 68 (1982), S. 45–50

Lampe, Gustav Ernst Theodor Johann Brückner (1746–1805) und der

Göttinger Dichterbund. Mecklenburg-Strelitzer Geschichtsblätter. Hrsg. Hans Witte (im Auftrage des Mecklenburg-Strelitzer Vereins für Geschichte und Heimatkunde). Neustrelitz: Bohls Nachf., Jg. 5 (1929), S. 39–105

Lepel, B[ernhard] v[on] Hinaus! In: Argo. Album für Kunst und Dichtung. Hrsg. Fr. Eggers / Th. Hosemann / B. von Lepel. Breslau: Trewendt 1858

Liersch, Werner Hans Fallada. Sein großes kleines Leben. 5. Aufl. Berlin: Neues Leben 1987

Lucht, Ernst Die Universität Greifswald. Hundert Bilder von ihren Bauten / Geschichts- und Kunstdenkmälern / aus der Stadt Greifswald und ihrer Umgebung. Düsseldorf: Lindner 1930

Mager, Friedrich Geschichte des Bauerntums und der Bodenkultur im Lande Mecklenburg. Berlin: Akademie-Verlag 1955

Marx, Karl / Engels, Friedrich Werke. Hrsg. vom Institut für Marxismus-Leninismus beim ZK der SED. Bd. 23. 15. Aufl.; Bd. 24. 9. Aufl.; Bd. 30. 3. Aufl. Berlin: Dietz 1984; 1981; 1974

Mehring, Franz Aufsätze zur preußischen und deutschen Geschichte. Hrsg. Hans Jürgen Friederici. Leipzig: Reclam 1986

Meister, Aloys Deutsche Verfassungsgeschichte von den Anfängen bis ins 14. Jahrhundert. 2. Aufl. Leipzig / Berlin: Teubner 1913

Mohr, Lutz Zur Geschichte des Klosters Hilda und des Ortes Eldena. In: Neue Greifswalder Museumshefte 1/1977

Möller, Klaus Die Öffentlichkeitsarbeit des Veterinärwesens, dargestellt am Beispiel des Beirates für Tierschutz und Tierhygiene Greifswald. Abschlußarbeit des postgradualen Studiums »Fachtierarzt für Staatsveterinärkunde« 1987–89. Leipzig: Karl-Marx-Universität 1989

Ott, Günther s. *Buske, Norbert,* 1978

Pompe, Gustav Adolf Reinhard Urschrift des »Pommernliedes« in einem Brief des Dichters an seine Mutter 1852. In: *Pompe, Dietrich,* Persönliche Mitteilung. Bonn: 1987

Rodbertus (-Jagetzow), Karl s. *Rudolph, Günther,* 1984 (I)

Rudolph, Günther Karl Rodbertus (1805–1875) und die Gruendrententheorie. Politische Ökonomie aus dem deutschen Vormärz. Berlin: Akademie-Verlag 1984 (I)

Rudolph, Günther Konservatismus als Reaktion auf die Französische Revolution [...]. In: *Elm, Ludwig* (Hrsg.) Falsche Propheten. Studien zum konservativ-antidemokratischen Denken im 19. und 20. Jahrhundert. Berlin: Akademie-Verlag 1984 (II)

Schmeer, Günter Zur Geschichte des antifaschistischen Widerstandskampfes unter Führung der KPD im Gebiet des heutigen Bezirks Neubrandenburg (1933–1945). Inauguraldissertation. Rostock: Wilhelm-Pieck-Universität 1975

Schmidt, Otto / Schultze, Victor Wilhelm Titels Bildnisse Greifswalder Professoren zum 475jährigen Jubiläum der Universität Greifswald herausgegeben. Greifswald: Ratsbuchhandlung L. Bamberg 1931

Schwerin-Janow, Marie von Lanzkron. In: Lesebuch Im Pommerndorf. Leipzig / Berlin: Scholtze 1912

Sieveking, Heinrich Grundzüge der neueren Wirtschaftsgeschichte vom 17. Jahrhundert bis zur Gegenwart. 2. Aufl. Leipzig / Berlin: Teubner 1915

Sternaux, Ludwig Potsdam. Ein Buch der Erinnerung. 6.–10. Tsd. Berlin: Runge 1924, S. 67

Vogler, Günter / Vetter, Klaus Preußen. Von den Anfängen bis zur Reichsgründung. Berlin: Deutscher Verlag der Wissenschaften 1979

Voß, Johann Heinrich Sämmtliche poetische Werke. Neue Ausgabe. Leipzig: Müller 1850

Wehrmann, Martin Geschichte von Pommern. Gotha: Pertes 1904–06. In: Deutsche Landesgeschichten, hrsg. von Armin Tille. In: Allgemeine Staatengeschichte, hrsg. von K. Lamprecht, 5. Werk der 3. Abt.

Zaske, Nikolaus s. Buske, H. Norbert, 1989

B. Meine in Zeitungen und Zeitschriften erschienenen Arbeiten, die Grundlage des Buches sind

Tageszeitungen:

DD = *Der Demokrat*
- Tageszeitung der Christlich-Demokratischen Union für die Bezirke Rostock, Schwerin und Neubrandenburg[1)]
- Für Mecklenburg und Vorpommern[2)]

NNN = *Norddeutsche Neueste Nachrichten*
- Bezirkszeitung der National-Demokratischen Partei Deutschlands[1)]
- Landeszeitung für Mecklenburg und Vorpommern[2)]

NZ = *Neue Zeit*
- Zentralorgan der Christlich-Demokratischen Union Deutschlands[1)]
- Zeitung für Deutschland – christlich, demokratisch, sozial[2)]

Berlin

OZ = *Ostsee-Zeitung*
- Organ der Bezirksleitung Rostock der Sozialistischen Einheitspartei Deutschlands[1)]
- Die Unabhängige im Norden[2)]

Zeitschriften zur Problematik »Tier«:

DH = *Der Hund*
- Hrsg. Zentralvorstand des Verbandes der Kleingärtner, Siedler und Kleintierzüchter und Präsidium der Sektion Dienst- und Gebrauchshundewesen. Deutscher Bauernverlag[1)]
- Zeitschrift für den Hundefreund. Deutscher Bauernverlag GmbH[2)]

Berlin

KI = *Die Kurzinformation*

Mitgliederrundbrief des Berliner Arbeitskreises gegen Tierversuche e. V.

Nbg	=	Neubrandenburg	Grw	=	Greifswald
Rst	=	Rostock	Str	=	Stralsund
Schw	=	Schwerin	Vpn	=	Vorpommern

Serien:	I	=	Besuch in kulturellen Gedenkstätten
	II	=	Beiträge zur Regionalgeschichte
	III	=	Auf den Spuren der Geschichte
	IV	=	Historien-Mosaik

1) Angaben vor der politischen Wende in der DDR
2) nach der Wende

V = Regionale Geschichtsbilder
VI = Stadtbekanntschaften in Gryps [Greifswald]

P = Parallelveröffentlichung(en), abweichender Titel in Klammern

Hofmeister für 60 Taler. Gedenken an Johann Heinrich Voß in Penzlin. Mit 1 Foto (Lohfink) und 1 Repro (Kwiatek). NZ Nr. 252, 25. 10. 1980, S. 4, I

Fasziniert vom Wesen des Menschen. Stilleben, mecklenburgische Landschaft und »Franzburger« / Schmiterlöw-Ausstellung in Stralsund. Mit 2 Repros (Woldeck) DD Nr. 15, 19. 1. 1981, S. 4

Von Tieren, Gesetzen und Paragraphen. Aus der Tätigkeit des Greifswalder Beirates für Tierschutz und Hygiene. OZ Nr. 56, 7./8. 3. 1981, Beilage S. 2 – P DD Nr. 40, 17. 2. 1981, S. 6 (Für Tierquäler gibt es Paragraphen)

»Solche freundliche, friedliche Natur war dieser Zeit nicht gewachsen«. Auf dem Trantower Friedhof liegt Ernst Moritz Arndts Vater begraben. Mit 1 Foto (Lohfink). DD Nr. 75, 30. 3. 1981, S. 4

Nachruf [für Meta Falk]. Mit 1 Foto. DH Heft 4/1981, S. 5

Unschuldsidyllen von feinem Humor. Erinnerungen an den Dichter und Prediger Ernst Theodor Johann Brückner in Groß Vielen. Mit 2 Fotos (Lohfink). NZ Nr. 80, 4. 4. 1981, S. 4, I

»... mehr Helligkeit hätte Lüge bedeutet«. Erinnerungen an Hans Fallada in Carwitz. Mit 1 Foto (Lohfink). NZ Nr. 133, 6. 6. 1981, S. 14, I

Gefragt am Krankenbett und im Labor. 525 Jahre Ernst-Moritz-Arndt-Universität Greifswald / Vorgestellt: Nationalpreisträger Prof. Dr. sc. med. Alwin Knapp, Arzt, Forscher und Hochschullehrer. Mit 1 Foto (Wendorff). DD Nr. 243, 16. 10. 1981, S. 4

Zum morgigen Tag des Gesundheitswesens: Der Dienst am Menschen ist ihm oberstes Gebot. Über den Internisten MR Dr. med. Jürgen Krüger. Mit 1 Foto. DD Nr. 290, 10. 12. 1981, S. 5

Alltägliches wird zum Besonderen. Bilder, die den Blick für die Umwelt sensibilisieren / Bertram von Schmiterlöw stellt in Bergen aus. DD Nr. 38, 15. 2. 1982, S. 4

»Ich fühle mich nicht einsam«. Die vielen Handarbeitsabende der Oma Kneiske. Mit 1 Foto (Lohfink). DD Nr. 65, 18. 3. 1982, S. 6

Die Sprache formender Hände. Mit mehreren Arbeiten präsent bei den 19. Arbeiterfestspielen: Volkskünstler Karl Schlösser. Mit 1 Foto. DD Nr. 147, 25. 6. 1982, S. 8

Geschult an Werken alter Meister. Gedanken zu der Manfred-Kastner-Ausstellung im Kulturhistorischen Museum Stralsund. Mit 1 Repro. DD Nr. 163, 14. 7. 1982, S. 4

Karl Schlösser »Der Ausgezeichnete«. Mit 1 Foto (Lohfink). NZ Nr. 177, 30. 7. 1982, S. 4

Manfred Kastner: »Die Kasernen« (Öl, 1981). Mit 1 Repro. NZ Nr. 182, 5. 8. 1982, S. 4

»Ein langes Leben hat viel in sich«. Der Weg von Unionsfreundin Anna Ditzen, der Witwe Hans Falladas. Mit 2 Fotos (Lohfink). NZ Nr. 214, 11. 9. 1982, S. 4

Von Eulen und Rosen aus gebranntem Ton. Edith-Schlösser-Ausstellung in »Kleiner Galerie« Demmin. Mit 1 Foto. DD Nr. 225, 24. 9. 1982, S. 3

[Karl Schlösser:] Der Eingepfahlte. Mit 1 Foto (Lohfink). NZ Nr. 273, 20. 11. 1982, S. 10

Strenger Richter künftiger Stammväter. Werner Dalm, Hauptzuchtwart für den Deutschen Schäferhund in der DDR. Mit 1 Foto (Lohfink). NZ Nr. 37, 14. 2. 1983, S. 5

Kord vom Zillertal wurde Tagesbester. Greifswalder Hundesportler mit guten Leistungen vorn. OZ Grw. Nr. 272, 18. 11. 1983, S. 8 – P DH Heft 2/ 1984, S. 10 (Zweiter Sieg)

Eine Freundschaft in Mecklenburg. Anmerkungen zum Briefwechsel zwischen Heinrich Alexander Stoll und Siegfried Heuer. Mit 1 Foto. DD Nr. 307, 30. 12. 1983, S. 4

Das Werk Karl Schlössers. In: Karl Schlösser – Plastik, Graphik. Kleine Galerie [Katalog]. Demmin: Kulturbund 1984

Hilft, wo sie gebraucht wird. Auf der Kandidatenliste in Behrenhoff: Unionsfreundin Dries. DD Nr. 104, 3. 5. 1984, S. 6

Gedenkstein oder Grenzmarkierung? Zeugnisse vom Beginn der Christianisierung Pommerns. Mit 1 Foto (Lohfink). NZ Nr. 153, 30. 6. 1984, S. 7, II – P DD Nr. 268, 12. 11. 1984, S. 3, II (Rätselraten um einen Stein)

Frühjahrsprüfung. DH Heft 8/1984, S. 14

Ein Bildstein aus ältester Zeit. Wurde heidnischer Opferstein im pommerschen Krien Weihwasserbecken? NZ Nr. 207, 1. 9. 1984, S. 7

Erkunden des menschlichen Gesichts. Gedanken zur Karl-Schlösser-Ausstellung in Demmin-Marienhain. Mit 1 Foto (Edelmann). DD Nr. 230,

28. 9. 1984, S. 3 – P NZ Nr. 234, 3. 10. 1984, S. 4 (Porträt voller Gleichnis)

Seltener Barockbau in reizvoller Landschaft. 1727 erfolgte die Grundsteinlegung der Pustower Kapelle / Erinnerung an E. L. von Scheelen. Mit 3 Fotos (Lohfink). DD Nr. 241, 11. 10. 1984, S. 4.

Hier ruht die Wohlseelige, der »niemals Geduld gefehlet«. Die Kapelle von Pustow mit vielen sehenswerten Ausstattungsstücken. Mit 2 Fotos (Lohfink). NZ Nr. 258, 31. 10. 1984, S. 3

Mumien in der Gruft. Einmaliger Barock in der Kapelle von Pustow. NNN Str Grw Nr. 259, 1. 11. 1984, S. 6

Mumien und Barock. Pustower Kapelle birgt viel Erhaltenswertes. Mit 2 Fotos (Lohfink). NNN Nbg. Nr. 270, 14. 11. 1984, S. 6

Gute Nachricht über Barockbau. DD Nr. 272, 16. 11. 1984, S. 4

Hundesport. OZ Grw Nr. 278, 23. 11. 1984, S. 8

Hundesportler wurden geehrt. OZ Grw Nr. 8, 10. 1. 1985, S. 6

Tierschutz – Sentimentalität oder Notwendigkeit? DD Nr. 70, 23./24. 3. 1985, S. 5

Lyrischer Gedächtnissermon für den Pustower Großvater. Mit 1 Foto (Lohfink). DD Nr. 75, 29. 3. 1985, S. 3, II

[Barockkapelle Pustow:] Gute Ansätze für Erhaltung gegeben. DD Nr. 114, 17. 5. 1985, S. 4

Die Barockkapelle in Pustow. Sie soll erhalten bleiben / Eine Interessengemeinschaft wäre wichtig. NNN Str Grw Nr. 167, 19. 7. 1985, S. 6

Hausbesuch bei Pony Pedro. Mit einem Mitglied des Beirates für Tierschutz und Tierhygiene unterwegs. Mit 1 Foto (Lohfink). NZ Nr. 169, 22. 7. 1985, S. 5

Lebendige Geschichte der Heimat. Demminer Kolloquium zur Schwedenzeit in Vorpommern. DD Nr. 169, 22. 7. 1985, S. 4, II – P NZ Nr. 186, 10. 8. 1985, S. 7 (Pommern und die Krone Schwedens)

Da liegt der Hund begraben. NZ Nr. 186, 10. 8. 1985, S. 12

»Bei uns sitzt ein herrenloser Cockerspaniel …« Unsere Mitarbeiterin Ingeborg Lohfink berichtet aus ihrer ehrenamtlichen Tätigkeit als Mitglied des Beirates für Tierschutz und Tierhygiene. Mit 2 Fotos (DD-Archiv / ZB Junge). DD Nr. 186, 10./11. 8. 1985, S. 5

Minister für nur acht Tage. Gedanken in Vorbereitung eines Kolloquiums über Karl Rodbertus-Jagetzow in Demmin. Mit 1 Foto (Lohfink). DD Nr.

241, 15. 10. 1985, S. 4 – P NZ Nr. 245, 19. 10. 1985, S. 7, II (Ein Minister unter Polizeiaufsicht)

Reformforderungen für die Leibeigenen. Demminer Kolloquium zur Geschichte Vorpommerns / Ehrung für den utopischen Sozialisten Rodbergtus in Demmin und Jagetzow. DD Nr. 252, 28. 10. 1985, S. 4

Rodbertus – progressiver Ökonom seiner Zeit. Kulturbund-Kolloquium zur Geschichte Vorpommerns. NZ Nr. 259, 5. 11. 1985, S. 4

Dem Andenken verpflichtet. Traditionspflege in Johann-Heinrich-Voß-Oberschule in Penzlin. Mit 1 Foto (Lohfink). DD Nr. 75, 31. 3. 1986, S. 4

Der jüngste der Schillschen Offiziere. Carl von Keffenbrinks Schicksal und die Geschichte Preußens und Pommerns. Mit 1 Foto (Lohfink). NZ Nr. 110, 10. 5. 1986, S. 7 – P DD Nr. 202, 29. 8. 1985, S. 4, II (Ein Abschiedsbrief aus der Todeszelle)

Eine Ruine mit vier Rundtürmen. Die Geschichte der Pommernburg Landskron / Janower Parkfest am kommenden Sonntag. Mit 3 Fotos (Lohfink). DD Nr. 155, 4. 7. 1986, S. 3

Vom Hochzeitsmahl in den Kampf. Der Krieg der Mecklenburger wider die Pommern. 3. Demminer Kolloquium zur Geschichte Vorpommerns. DD Nr. 165, 16. 7.. 1986, S. 4 – P ZNZ Nr. 174, 25. 7. 1986, S. 4 (Interessante Details aus der Regionalgeschichte)

[Gedenktafel für Karl Rodbertus:] Diese Gedenktafel […] mit 1 Foto (Lohfink). DD Nr. 171, 23. 7. 1986, S. 4

Pustower Barockkapelle weiter dem Verfall preisgegeben? DD Nr. 185, 8. 8. 1986, S. 3

Das Grab in Frankreich. Gedanken zum Weltfriedenstag am 1. September. NZ Nr. 205, 30. 8. 1986, S. 4

Meisterwerke der Präparierkunst. Anatomische Ausstellung in der alten Greifswalder Mensa. NZ Ausgabe A Nr. 215, 11. 9. 1986, S. 8 – P DD Nr. 211, 8. 9. 1986, S. 4 (Einblick in die Anatomie-Geschichte. Von Knochen und operierten Hunden […])

»Brix« belegte den 1. Platz. OZ Grw Nr. 231, 30. 9. 1986, S. 8 – P NNN Str Grw Nr. 232, 2. 10. 1986, S. 6 ([…] Bei der Schutzhundeprüfung in Greifswald)

Bill von Scherkonde vorn. Dienst- und Gebrauchshunde imVergleichskampf. NNN Str Grw Nr. 241, 14. 10. 1986, S. 6 – P OZ Grw Nr. 243, 15. 10. 1986, S. 8 (Spannender Vergleich)

Steinsetzer legten Arbeit nieder. Kolloquium zur Geschichte der Arbeiterbewegung Vorpommerns [1]. OZ Grw Nr. 262, 6. 11. 1986, S. 6

Per Ätherwellen Terror entlarvt. Kolloquium zur Geschichte der Arbeiterbewegung Vorpommerns [2]. OZ Grw Nr. 268, 13. 11. 1986, S. 6

… wir glauben an die Natur, an Gott. Eindrücke vom 4. Demminer Kolloquium zur Geschichte Vorpommerns. DD Nr. 277, 25. 11. 1986, S. 4

Mit Revolver, Lug und Trug. Zum 4. Demminer Kolloquium zur Geschichte Vorpommerns. NNN Bezirke Nbg Rst Schw Nr. 281, 29./30. 11. 1986, S. 5

Parteitagsinitiative realisiert. DH Heft 12/1986, S. 12

[Laudatio für Dr. Willi Griebenow:] Täglich in den Archiven. NNN Str Grw Nr. 58, 10. 3. 1987, S. 6

Wertvolle Kapelle dem Verfall preisgegeben? DD Nr. 94, 22. 4. 1987, S. 4

Kapelle […] Und nun das Aus? NNN Str Grw Nr. 114, 16./17. 5. 1987, S. 8

Theologe und Regionalforscher wird 80 Jahre. Zum Geburtstag von Pastor Heinz Keller aus Trantow bei Loitz. DD Nr. 129, 3. 6. 1987, S. 5 – P NNN Str Grw Nr. 132, 6./7. 6. 1987, S. 8 (Theologe und Regionalforscher)

Was passierte in Gützkow? Geheimnisse um König Karl XII. NNN Str Grw Nr. 165, 16. 7. 1987, S. 6

Mit Sauerstoff gegen Krebs. Informativer Vortrag von Prof. Manfred von Ardenne in Heringsdorf zu neuen Therapien. DD Nr. 177, 30. 7. 1987, S. 5 – P NNN Str Grw Nr. 182, 5. 8. 1987, S. 6 (Energie durch Sauerstoff)

Von Polhem waren auch Schleusen und Geräte. Erfindungen des 18. Jh. in Greifswald zu sehen. NZ Ausgabe A Nr. 195, 20. 8. 1987, S. 8

Gedenkstein in Trantow. Auf einer Feierstunde für Ernst Moritz Arndt enthüllt. Mit 1 Foto (Lohfink). NNN Nbg Nr. 253, 28. 10. 1987, S. 6 – P NNN Str Grw Nr. 243, 16. 10. 1987, S. 6 / NZ Ausgabe A Nr. 247, 21. 10. 1987, S. 8 (In ländlicher Idylle und Kämpfen der Zeit) / DD Nr. 249, 23. 10. 1987, S. 3 (Ein Findling aus der Feldmark)

Besuch bei Otto Peters III. Arzt und Heimatforscher. Mit 1 Foto (Detlev Müller). NNN Str Grw Nr. 290, 10. 12. 1987, S. 6, VI – P DD Nr. 281, 30. 11. 1987, S. 5 (Mit Leib und Seele Denkmalpfleger)

[Rezension:] Sein Werk ist auch heute aktuell. [Findeisen / Rudolph:] 2. Demminer Kolloquium zur Geschichte Vorpommerns / Der »Seher von Jagetzow« wurde in Greifswald geboren. DD Nr. 58, 9. 3. 1988, S. 4

Namen, die der Wind verwehte. Beliebtes Ausflugsziel: Schloß Landskron. NZ Nr. 61, 12. 3. 1988, S. 7

Vielfalt und Perfektion. Gedanken zur Ausstellung »Moderne Makonde-Plastik«. DD Nr. 62, 14. 3. 1988, S. 5

Insekten in Kunst und Kultur. Prachtkäfer als Anstecknadel und fliehender Hirschkäfer / Ausstellung in Greifswald. DD Nr. 224, 21. 9. 1988, S. 4

Eine höchst liebevolle bunte Welt der Erinnerung. Arbeiten des Malers M. Franz in Greifswald. DD Nr. 271, 16. 11. 1988, S. 4

Faszinierende Bilder und Bücher aus China. Ausstellung in der Greifswalder Alten Mensa. NZ Ausgabe A Nr. 4, 5. 1. 1989, S. 8 – P DD Nr. 301, 21. 12. 1988, S. 5 (Begegnung mit einem fernen fremden Land)

Ihre Zier sind Harmonie und Schlichtheit. Eine Perle der Neugotik: die unter Denkmalschutz stehende Gutskapelle in Gützkow. Mit 1 Foto (Lohfink). DD Nr. 7, 9. 1. 1989, S. 5, V

»Gänsespiel« und Tanz unter dem Freiheitsbaum. Ausstellung zum 200. Jahrestag der Französischen Revolution in Greifswald. NZ Ausgabe A Nr. 139, 15. 6. 1989, IV – P DD Nr. 139, 15. 6. 1989, S. 3

Liebevoll gemaltes Bild seiner Heimat Pommern. Das »Pommernlied« von G. A. R. Pompe / Impressionen vom 7. Demminer Kolloquium. DD Nr. 169, 20. 7. 1989, S. 3

Bubi, der Wampener. Die Geschichte eines Hundes aus Vorpommern [Erzählung]. KI Nr. 43, September 1990, S. 22–27

»Soma aus Grüttow« [Erzählung um den Tod Wartislaws I]. DD Nr. 254, 30./31. 10. 1990, S. 12 / Nr. 256, 2. 11. 1990, S. 11 / Nr. 259, 6. 11. 1990, S. 11

Tiere durch Gesetz geschützt. Tierschutzverein Vorpommern e. V. wird Tierschutzgesetz anwenden. DD Nr. 278, 29. 11. 1990, S. 1

Tierschutz-Verein Vorpommern empört: »Kühe in Bandelin auf immer nassem Beton«. Wann verschwindet Intensivtierhaltung im Kreis Greifswald? OZ Vpn Nr. 3, 4. 1. 1991, S. 9

»Kuh-KZ« auf Usedom / aber LPG-Seilschaft leugnet Mißstände. KI Nr. 45, März 1991, S. 10

Thesen zur Gründung einer Tierschützer-Partei (TSP). KI Nr. 45, März 1991, S. 10

Inhaltsverzeichnis

ERSTER TEIL

ZWEITER TEIL

DRITTER TEIL

VIERTER TEIL

Anhang: [Quellen]